此书系河北省教育科学研究“十三五”规划重点资助课题《基于高校专家指导下的名师工作室发展模式研究》研究成果，课题编号：1902009。

情怀驱动下的教师专业发展

信息技术名师工作室建设路径

丁玉海　崔佳　杨怡洁　著

河北大学出版社
·保定·

QINGHUAI QUDONG XIA DE JIAOSHI ZHUANYE FAZHAN
XINXI JISHU MINGSHI GONGZUOSHI JIANSHE LUJING

出 版 人：朱文富
责任编辑：袁慧敏
装帧设计：杨艳霞
责任校对：蔡文涛
责任印制：常 凯

图书在版编目（CIP）数据

情怀驱动下的教师专业发展 ：信息技术名师工作室建设路径 / 丁玉海，崔佳，杨怡洁著．-- 保定 ：河北大学出版社，2023.10
ISBN 978-7-5666-2234-1

Ⅰ．①情… Ⅱ．①丁… ②崔… ③杨… Ⅲ．①教师－信息素养－师资培养－研究 Ⅳ．① G451.2

中国国家版本馆 CIP 数据核字 (2023) 第 194891 号

出版发行：河北大学出版社
地址：河北省保定市七一东路 2666 号 邮编：071000
电话：0312-5073019 0312-5073029
邮箱：hbdxcbs818@163.com 网址：www.hbdxcbs.com
经 销：全国新华书店
印 刷：保定市西城胶印有限公司
幅面尺寸：170 mm × 240 mm
印 张：11.5
字 数：190 千字
版 次：2023 年 10 月第 1 版
印 次：2023 年 10 月第 1 次印刷
书 号：ISBN 978-7-5666-2234-1
定 价：39.80 元

序　言

在数字化教学环境下，不断提升教师信息化能力，促进技术与教学融合创新，已成为教师专业发展关注的焦点之一。信息技术名师工作室作为促进教师学习共同体建设，提升教师信息技术与教学融合创新能力的一个平台，能够为教师信息技术应用能力发展有效助力。本书以信息技术丁玉海名师工作室为研究对象开展个案研究，对工作室主持人及成员开展问题访谈，收集整理工作室日常活动重要文件资料，开展持续深入的观察，分析梳理其建设路径，剖析其建设成效与困境，同时信息技术丁玉海名师工作室自身也进行了梳理总结，最终汇编成书。因此本书在写法上既有科学研究的“道”，即相关的理论研究基础和研究方法等科学研究的内容，同时又有行动实践的“理”，即工作室自身的梳理、反思、总结等内容。希望本书能为其他信息技术名师工作室甚或其他学科名师工作室在面临困境和应对挑战时提供思路，为推进名师工作室建设与发展提供借鉴与参考。

信息技术丁玉海名师工作室经过两届的发展，目前已经形成独特的发展理念与发展目标。工作室目标定位清晰，路径实施有效，行动学研兼备，成果显著突出，评价有效保障。具体而言，工作室从发展初期跟着感觉走到后面逐步形成了短、中、长三阶目标支撑的可持续发展目标体系；行动采用成果驱动、项目管理、流程运行、考核保障的方式保证目标落地有效；用不断融入新的优秀成员实现工作室成员迭代优化；从发展初期随意纳入新成员到现在采用严格规范的考核流程进行招募，通过建立规范化制度和有效的运行流程实现工作室稳步发展；用项目组为每个人锚定发展方向，采用“三人成团”形式满足每个人发展需求。

工作室借力发力，充分利用各类平台如希沃学苑、七点半学苑、鸿合师享汇、学科网、不倦课堂、蜜蜂家校、NB 虚拟实验平台、芦笋等作为成长平台，以直播分享、课程制作、活动参与等方式帮助成员实现从优秀教师到名师的多路径成长。

工作室以成果输出倒逼输入，以外显化成果提升成员内驱力。在建设运行中为实现成果驱动，激活每位成员成长内驱力，工作室注重各类课程成果建设与梳理，将平日完成的极简技术微课归类整理，主题加工，整理印制成《极简教学技术口袋书》（1-5 辑）和《30 个微能力点口袋书》（1-3 辑）。要求各项目组持续开发与自己项目方向相关的主题训练营课程作为必备项目，训练营课程运行成效作为工作室成员成长激发的内驱力。

工作室在宣传上内外兼具，制订丰富多样的宣传辐射方案。每位成员都建立了极简技术微信群，通过在微信群转发工作室每日成果，并积极主导微信群内互助交流，推动宣传辐射的长期化；每月定期开设主题训练营，通过训练营“答疑解惑”的方式助力每位参加训练营学习的老师感受到工作室的支持和帮助，形成持续深入的宣传辐射机制。

工作室倡导多样化研修提升，丰富成员成长路径。工作室开展了“每月共读一本书”活动，每日使用小程序读书打卡，每周六晚上举办固定读书会，推动工作室成员开展阅读；新招募成员在考核最后一个环节开展一次不少于 30 分钟的主题分享，所有成员对主题分享打分，决定招募成员是否可以进入工作室；各个项目组和有教学经验的成员也可随时发起小组分享、项目组分享、工作室内分享等不同层级分享，将自己的教学实践经验“广而告之”全体成员。

工作室扎根课堂，高标准助力成员教学专业化发展。在教学专业理论发展和信息化教学能力提升等方面，工作室秉持扎根课堂的核心目标，以“技术＋”方式不断探索创新，开展“3 个 1”年度任务（主题课程制作、精品课制作、教育写作），不断提升成员课堂教学实践能力和技术与教学融合创新能力。

除了这些有效的经验与方法之外，工作室在发展上也存在着一些建设困境，包括工学矛盾问题突出、评价维度单一、个别成员主观能动性不足发展意识薄弱、偏重于技术、技术与学科融合深度不够、项目研究理论不足等问题。

本书综合对丁玉海名师工作室长期持续参与式观察研究，构建出信息技术名师工作室建设的基本框架，并提出相应的信息技术名师工作室建设策略：在目标规划上，迭代信息技术目标，统筹工作发展规划；在管理制度上，科学制定管理制度，有效推动发展运行；在引领与指导上，名师主持引领，高校专家指导把关；在研修项目及内容上，驱动多元技术项目，扩展成员研修内容；在资源建设上，建设信息资源成果，提升教师信息素养；在成长路径上，拓宽成员发展渠道，丰富教师成长路径；在辐射影响上，依托信息技术优势，发挥名师内外影响。通过提出信息技术名师工作室的建设策略，以期为更多名师工作室的建设提供参考。

本书内容表述上采用“复合型”表达，通过个案研究视角，记录、观察、梳理一个信息技术名师工作室成长过程，同时又有工作室成员对工作室发展过程的自我描述。专业研究与行动记录结合，既有理论支持，又有实践材料，为读者呈现出一个可借鉴、可参考的鲜活的信息技术名师工作室发展案例。

在成长的路上，解决了一个问题之后会不断有新的问题出现，问题是工作室发展的动力和内驱力，问题不断，成长不止。期待着您通过阅读与我们开展交流，共同推动名师工作室发展，我们拭目以待。

目　　录

第一章　借前人经验——名师工作室研究理论基础 ……………………………（ 1 ）
1.1　研究背景……………………………………………………………（ 1 ）
1.2　研究目的及意义……………………………………………………（ 4 ）
1.3　核心概念界定………………………………………………………（ 4 ）
1.4　相关理论基础………………………………………………………（ 7 ）
1.5　相关研究综述………………………………………………………（ 9 ）
1.6　研究思路……………………………………………………………（ 16 ）
1.7　研究方法……………………………………………………………（ 18 ）
第二章　讲自己故事——名师工作室组建运行情况 ……………………………（ 20 ）
2.1　名师工作室成立发展………………………………………………（ 20 ）
2.2　名师工作室理念目标………………………………………………（ 25 ）
2.3　名师工作室人员组成………………………………………………（ 28 ）
2.4　名师工作室成果发布………………………………………………（ 34 ）
2.5　本章小结……………………………………………………………（ 39 ）
第三章　走自己路子——名师工作室成长路径方法 ……………………………（ 41 ）
3.1　名师工作室发展目标与规划………………………………………（ 41 ）
3.2　名师工作室运行管理制度…………………………………………（ 48 ）
3.3　名师工作室项目式研修机制………………………………………（ 58 ）
3.4　名师工作室成果资源建设…………………………………………（ 65 ）
3.5　名师工作室名师成长路径…………………………………………（ 79 ）

3.6 名师工作室成果辐射扩散 …… (88)
3.7 本章小结 …… (94)
第四章 成自己样子——名师工作室发展成效困惑 …… (95)
4.1 名师工作室建设成效 …… (95)
4.2 名师工作室建设困境 …… (118)
4.3 本章小结 …… (124)
第五章 凝通用方法——名师工作室萃取经验成果 …… (126)
5.1 建设框架 …… (126)
5.2 迭代更新成长目标，统筹工作发展规划 …… (127)
5.3 科学拟定管理制度，有效推动发展运行 …… (128)
5.4 复合名师主持引领，高校专家指导把关 …… (130)
5.5 多元项目成果驱动，扩展成员研修内容 …… (131)
5.6 建设课程资源成果，提升教师信息素养 …… (133)
5.7 拓宽成员发展渠道，丰富教师成长路径 …… (134)
5.8 借力机构平台优势，拓展名师内外影响 …… (136)
结语 …… (138)
（一）研究总结 …… (138)
（二）不足与展望 …… (139)
参考文献 …… (141)
外文文献 …… (141)
中文文献 …… (142)
附录 …… (147)
附录一 访谈提纲 …… (147)
附录二 丁玉海名师工作室成员招募办法 V2.0 …… (149)
附录三 丁玉海名师工作室成员招募办法 V3.0 …… (151)
附录四 丁玉海名师工作室考核方案 …… (154)
附录五 工作室星级成员评定标准 …… (156)
附录六 微课制作规范 …… (159)
附录七 工作室常规会议、专题会议活动组织实施流程 …… (161)

附录八　“2021，我的成长故事”展示活动方案 …………………………（163）
附录九　工作室协调人任务清单 ……………………………………………（166）
附录十　第二届信息技术丁玉海名师工作室研修计划 ……………………（168）

第一章　借前人经验
——名师工作室研究理论基础

1.1　研究背景

1.1.1　教师信息化教学能力已经成为教师专业发展的重要因素

《中国教育现代化 2035》中，“建设高素质专业化创新型教师队伍”被确立为教育现代化的十大战略任务之一，其中“夯实教师专业发展体系，推动教师终身学习和专业自主发展”是教师队伍建设的重要内容。① 教育部于 2018 年印发《教育信息化 2.0 行动计划》，标志着我国教育信息化正式迈入 2.0 时代，要全面实现以教育信息化推进教育现代化。② 这对教育信息化发展提出了新诉求，不仅要求学校建设更适合学生发展的教育教学环境，同时也对教师的信息化能力提出了新要求，为教师发展带来了新的机遇与挑战。教师不仅要提升专业素质能力，同时也要认识到信息化教学能力的重要性，这样才能应对教育信息化带来的挑战。

因此，在信息时代，教师如何掌握信息化手段、在数字化教学环境下将信

---

① 中共人民共和国中央人民政府．中共中央、国务院印发《中国教育现代化 2035》［EB/OL］．(2019-02-23)［2022-06-12］．http：//www.gov.cn/xinwen/2019-02/23/content_5367987.html.

② 中华人民共和国教育部．教育信息化 2.0 行动计划［EB/OL］．(2018-04-18)［2022-06-12］．http：//www.moe.gov.cn/srcsite/A16/s3342/201804/t20180425_334188.html.

息化更好地融入教学，已成为各界关注的焦点。在教育信息化的时代背景下，培养出具有专业化水准的优秀教师，掌握信息技术与学科融合的教学能力，是教育信息化时代教育背景的客观要求。毋庸置疑，教师信息化教学能力已经成为教师专业发展的重要因素。

1.1.2 信息技术名师工作室对教师信息化能力提升的重要意义

名师工作室是新兴的教师专业发展共同体。2000 年 9 月 8 日，上海市卢湾区首次设立了 5 个名师工作室，并将其作为教师培训的具体形式进行实践尝试。二十年间，名师工作室成为了一个能够提升教师职业素养和专业教学能力的教育模式。作为我国特有的新模式，名师工作室在教师队伍建设过程中充当了“孵化器”的作用，成为一种促进优秀教师专业成长的重要载体和形式。

工作室通过搭建学习和研究平台，培养了大批的优秀教师，极大程度地促进了优质资源的流动，提升了教师队伍建设质量，实现了多层面提升、全方位引领，推动了教育事业的均衡发展。① 以信息技术为抓手，信息技术名师工作室充分发挥信息技术名师所聚集的资源优势，通过名师的引领、示范、辐射作用，将名师资源共享，从而逐步提升整个教师队伍的信息化专业化水平。因此，信息技术名师工作室为教师们的专业发展提供了坚实后盾，让基于学科核心素养的教育理念，落实在每位团队教师的个人发展历程中，② 不仅为名师自身的发展提供了广阔的空间，更是为其他教师提供了专业成长与自身发展的平台。

1.1.3 信息技术名师工作室建设与发展面临的困境与挑战

名师工作室为教师创设了一个资源共享、交流协作的学习空间。当前，名师工作室已经逐步扩展到基础教育领域，国内很多地方根据教育发展的实际情况建立起不同层次、不同类型的名师工作室，③ 越来越多的地区都开启了建设名师工作室的尝试。

---

① 肖林元．区域提升名师工作室建设实效性研究：以南京地区名师工作室建设为例［J］．中国教育学刊，2014（10）：76.

② 王蕾．知否，应是携手度春秋［J］．中国信息技术教育，2019（11）：1.

③ 张聪，韩爽．名师工作室与教师专业发展：基于名师工作室成员的调查［J］．教育理论与实践，2014，34（17）：24-26.

然而，名师工作室建设如火如荼进行的同时，许多名师工作室在运行发展中也存在诸多问题，比如运行成效参差不齐、定位方向不准确、缺乏合理评估手段等，仍使得名师工作室的高效运行面临诸多挑战。① 信息技术名师工作室作为名师工作室的类型之一，除存在以上共性问题之外，也存在许多个性问题。信息技术作为一门学科，一直以来不被大众所重视，处在一个学生、家长认为学好学坏都一样的“尴尬”地位。因此信息技术名师工作室的发展亦不甚理想。诚然，信息技术只会越来越重要。2022 年 4 月教育部印发新课标，将学科“信息技术”更名“信息科技”正式列入义务教育国家课程，对信息科技学科教师的综合能力提出了更高的要求，同时也反映出教师信息化教学能力提升的必要性，这都彰显了信息技术名师工作室的地位将愈加重要。实际上，信息技术名师工作室不仅能够推动信息科技学科的发展，更能通过提升教师的信息化能力更好地促进教育信息化，从而促进教师教学方式与教学过程的改革与优化。因此，亟须提供解决信息技术名师工作室面临的困境与挑战的思路，推进其建设与发展。

1.1.4　个案研究视角助力信息技术名师工作室困境的解决

个案研究是指对典型意义的事件进行分析，形成对某一类共性（或现象）的定性（或定质）认识，② 重在揭示社会范畴相关的信息，以小见大，挖掘个案对象背后可能实际隐含着所属社会系统的整体信息，从特殊到一般得出普遍性结论。优秀的信息技术名师工作室其建设发展经验，可以为信息技术名师工作室提供必要的参考。现阶段对信息技术名师工作室的相关研究比较少，主要集中于以量化研究的方法进行策略的调查，缺乏深入了解和探索，这种情况下，个案研究的价值和意义便凸显出来。个案研究的优势在于能够收集其他研究方法所不能观察到的详细资料，从而通过详尽的经验事实来呈现事件发生的具体过程和发生机制。通过对个案的详尽分析，勾画出一幅具体翔实的信息技术名师工作室建设样态，切实看到这种研究的有效性和生动性。

---

① 刘穿石．名师工作室的解读与理性反思［J］．江苏教育研究，2010（30）：6-7.

② YIN R K. Case study research：Design and methods［M］．London：SAGE Publications，1994.

信息技术丁玉海名师工作室是以探索信息技术与教育教学融合创新为目标的教师发展共同体，目前已经成果丰硕、面向全国，正逐渐成为在全国有一定影响力的教师发展共同体，是信息技术名师工作室的优秀典范。因此，本书将信息技术丁玉海名师工作室作为研究个案，构建信息技术名师工作室的建设框架、探寻持续高效发展的建设策略，对解决当前信息技术名师工作室的困境具有重要意义。

1.2 研究目的及意义

1.2.1 研究目的

本书以信息技术丁玉海名师工作室为研究个案，通过实物收集法、访谈法、观察法等方法了解工作室基本情况并进行梳理，旨在从工作室发展目标与规划、运行管理制度、研修机制、资源建设、名师成长路径、辐射方案等方面探析信息技术丁玉海名师工作室的建设路径，分析其在建设中的成效及困境，构建出信息技术名师工作室建设框架并提出信息技术名师工作室高效发展的建设策略，以期为信息技术名师工作室及其他名师工作室的建设及发展提供参考。

1.2.2 研究意义

本书通过观察和访谈的方式深入信息技术丁玉海名师工作室内部，全面了解信息技术丁玉海名师工作室的基本情况，探析信息技术丁玉海名师工作室的建设路径，总结工作室建设的成效，分析在建设发展中有何困境，并以此为基础探寻信息技术名师工作室高质量发展的建设策略，能够丰富该领域工作室建设的实践经验，从而有利于推动我国信息技术名师工作室的建设与发展，丰富我国名师工作室建设理论，对信息技术名师工作室的建设具有一定意义。

1.3 核心概念界定

首先对本书研究的相关概念进行明确界定，主要针对名师、名师工作室和信息技术名师工作室进行概念界定。

1.3.1　名师

《辞海》中对“名师”的释义有两种，一是指著名军队，二是指有名的老师、师傅。① 陈钧与程达进一步加深了对“名师”这一概念的理解，他们提出了“名师”的含义可以分为广义与狭义两种：从广义的角度来看，名师是在社会各个领域有较大的影响力，并具有较高声望的杰出人才；从狭义的角度来看，名师是指在教育领域中的精英、杰出的代表，也是教育理论的奠基人与教育实践的领导者。②

本文所说的“名师”，是指有较高的声望和影响的教师，他们通常具有较高的教育教学水平和较强的实践技能，并获得特级教师、市级中小学教育专家、中青年学科带头人等相应的职称称号。名师需要“名”，更需要“实”，他们往往都是优秀的老师，或者是学科带头人，在各自的领域都有一定的知名度和话语权。

1.3.2　名师工作室

关于名师工作室，学者杨德铸认为名师工作室是由名师引领，强调团队整体发展，走精英化路线的组织。③ 在视角上，学者许昌良从专业学习共同体入手，界定名师工作室是以共同愿景为纽带将工作室成员联系并进行沟通、交流和学习的组织。④ 另有学者田应仟等人指出名师工作室是自愿参加的合作共同体，认为名师工作室主要采取教研活动、科研课题、自主学习等学习组织形式进行活动。⑤ 严运锦等人认为名师工作室是具有学习型组织的性质，⑥ 是以打造优质教师队伍为目的，在教育行政部门或学校指导和精心选拔下，以名师为主

---

① 夏征农，陈至立等主编．辞海［M］．上海：上海辞书出版社，2009.

② 陈钧，程达．呼唤名师［M］．北京：科学出版社，2000.

③ 杨德铸．“名师工作室”高效运作的可行性策略研究［J］. 江苏教师，2013（12）：15-16.

④ 许昌良．专业学习共同体视角下的名师工作室建设：以无锡市“许昌良语文名师工作室”成长为例［J］．中小学教师培训，2015（3）：63-66.

⑤ 田应仟，李辉朋，潘晓波．行动学习：基于“名师工作室”的教师能力提升策略［J］．教育理论与实践，2019，39（26）：39-41.

⑥ 严运锦．名师工作室中领衔名师的学习模式探析［J］．教育理论与实践，2019（26）：35-38.

持人，以年青教师和骨干教师作为工作室成员，以一系列任务驱动引导成员们积极投入到教育教学的研究和实践中，不断提高教师的教育理论水平和课堂教学水平的学习型组织。①②

综合已有学者观点，本研究提出对名师工作室的定义：学习主体在彼此信赖、尊重、支持和密切合作的环境下，通过课题研究、教学研讨等组织活动促进教师成长的学习共同体，是一个集教学教研、培训于一体的学习型组织。

1.3.3 信息技术名师工作室

曹鹏认为信息技术名师工作室是一个网络学习共同体，它由在信息技术与各专业教学相结合、运用中取得优异成绩的教师组成，以信息化教育教学研究与创新应用为核心，围绕对教师信息素养的提高，对优质的网络教学资源进行整合，从而提高教育教学质量和教育信息化程度。③ 唐荣荣表示，信息技术名师工作室是一个由信息技术与学科教学融合应用成果突出的教师组成的一个学习共同体，它的主要目的是提高教师的信息素养，聚集优质的网络教学资源，从而提高区域基础教育的教学质量和信息化程度。④

综合已有学者观点，本研究提出信息技术名师工作室的定义：信息技术名师工作室以信息化教育教学研究与应用为核心，以信息技术与学科应用成果突出的教师为主体，探索基于信息技术的教科研新模式，实现资源共享、互动交流、共同发展目标的学习共同体。

---

① 顾咸霜，肖其勇．诺尔斯成人学习理论视域下优化名师工作室运行效能的路径探析［J］．继续教育研究，2021（10）：17-21.

② 张慧．学习共同体视角下名师工作室个案研究［D］．华中师范大学，2021.

③ 曹鹏．深度聚焦信息技术与教育教学融合创新：江苏省中小学网络名师工作室项目进展综述［J］．江苏教育，2021（34）：7-10.

④ 唐荣荣，卜忠飞．区域网络名师工作室建设推进策略初探：以扬州市省级中小学网络名师工作室建设为例［J］．江苏教育，2021（34）：21-23.

1.4　相关理论基础

1.4.1　学习共同体理论

德国社会学家费迪南德滕尼斯于19世纪80年代在《共同体与社会》一书中第一次引入“共同体”这一概念。迁移至教育领域，20世纪90年代在《基础学校：学习共同体》一书中，博耶尔第一次提出了“学习共同体”这一理念，自此这一教育理念在学术上得到了广泛认可。学习共同体是由拥有共同理想的学习者和助学者组成的一个学习团体，它通过对不同的学习资源和学习意见进行沟通、交流和分享，从而达到一个共同的学习目的，以及在成员之间形成一种可以互相影响、互相促进的人际关系。学习共同体理论是以教育本质论、协作系统论、社会互动论、生态学理论、人格发展理论和建构主义理论为基础，①包含知识存在于一定的文化背景下、意义和身份存在于具体情景等观点。②

名师工作室实质也是一种学习共同体，因此学习共同体理论能为此次研究提供一定的理论基础。名师工作室建设和运作以群体为核心，其组织关系突出了合作和互动的特点，在建设过程中也存在着类似于学习共同体建设的问题。

1.4.2　教师专业发展理论

教师专业发展本意是教师专业化，最早由美国的富勒提出，他认为教师的专业发展是一个动态的变化过程，并提出了“四关注阶段理论”③。从更广义的角度来看，“教师专业发展”是一种教师在持续地获得各种专业知识、各种专业资格、各种荣誉的过程，并在个体和团队的教育、培训和管理中，逐渐地让自己的能力得到提高。而在狭义上，教师的专业发展是指教师在自身的努力和外部的支持下，不断提高自己的教学水平与能力、专业知识与素养。

---

① 伏荣超．学习共同体理论及其对教育的启示［J］．教育探索，2010（7）：6-8.

② BOYER E. The Basic School：A Community for Learning［J］．Princeton Fulfillment Services，1995：11.

③ FULLER F. Concerns of Teachers：A Developmental Conceptualization［J］．American Educational Research Journal，1969，6（2）：207-226.

信息技术名师工作室的成立是以促进教师的专业发展为最直接的目的之一，在对信息技术丁玉海名师工作室的研究中，不仅要探究通过何种途径促进教师专业发展，也要依据教师专业发展理论思考如何才能让教师在工作室中真正实现专业发展，因此教师专业发展理论对信息技术名师工作室的研究具有重要的指导意义。

1.4.3 价值共创理论

19 世纪 Storch 首先提出了“价值创造”这一概念，并指出“服务的过程是由供应商和客户双方都参与的”①。在价值共创理论中，存在着两种基本的观点：一是以消费者服务体验为基础的价值共创，其本质是在生产领域中的价值共创，核心是消费者与生产者共同创造消费体验，而消费者与生产者的互动是实现价值共创的根本途径。② 二是以服务导向为基础的价值共创，其本质是消费场域的价值共创，即服务导向的一切行为都以服务导向为主线，通过产品制造和实际服务来实现服务导向。③ 消费者与生产者之间是相互依赖的，而这种彼此依存的关系就是价值共创的基础。

在建立和运作信息技术名师工作室的过程中，创造出的资源并不是只有名师或专家才能参与其中，所有的老师都可以参与到资源的建设当中，他们既是资源的建设者，也是资源的使用者。因此，价值共创理论能对信息技术名师工作室的构建起到引导作用。

---

① STORCH H. Cours d´économie politiqueou exposition des principes qui déterminant la prospéritédes nations [M]. Savanna: Saraswati Press, 1823.

② 武文珍，陈启杰．价值共创理论形成路径探析与未来研究展望［J］．外国经济与管理，2012，34（6）：66-73+81.

③ 胡观景，袁亚忠，张思，等．价值共创研究述评：内涵、演进与形成机制［J］．天津商业大学学报，2017，37（2）：57-64.

1.5　相关研究综述

1.5.1　关于名师工作室研究

教育在社会发展中一直处于基础性和先导性的重要战略位置。近年来，为培养高素质的教师，各地纷纷进行了多样化的尝试。其中，诞生于 20 世纪 90 年代西方发达国家的专业学习共同体培养模式，在教师培养中产生了良好的效果，正逐渐成为我国学校发展的重要模式，① 名师工作室就是这种模式的一种本土化探索，相关的研究成果也不可小觑。笔者对当前现有的研究内容进行整理和分析，通过对这些研究成果进行全面回顾与梳理，可以厘清名师工作室的研究脉络，更好把握研究现状与特点，现总结如下：

1. 名师工作室内涵的研究

20 世纪 60 年代，美国的劳伦·斯哈普林首先提出了“工作坊”这个词，它是一种为不同身份、不同群体的人们提供思想、讨论和沟通的工具。② 工作坊模式产生以后，在国外运用越来越广泛，形式丰富多彩，主要有五种类型。一是工程类工作坊，如由简·沃泊勒教授主持的“国际工作坊”，她在每个学期都会有一次。③ 二是艺术类工作坊，如 Heydenreich 通过组建“艺术工作坊”，让坊员交流绘画的表现形式与不断变化的材料。④ 三是医疗类工作坊，如 Erin Schoenfelder 组织了“青少年多动症工作坊”，对有注意缺陷多动症的青少年和他们的家长进行了介入。⑤ 四是文学类工作坊，如“爱荷华作者工作坊”，就是

---

① 郑汉文，程可拉．论专业学习共同体［J］．教育评论，2008（5）：66-70.

② HATIM B. Teaching and researching translation［M］. London：Routledge，2014.

③ 沈杰，苟中华．走出盒子：开放式国际工作坊的教学理念与实践［J］．建筑学报，2008（7）：88-91.

④ HEYDENREICH G. Artistic exchange and experimental variation：studies in the workshop practice of Lucas Cranach the Elder［J］．Routledge，1998（Supl）：106－111.

⑤ SCHOENFELDER E，MCCABE C，FIFE A，et al. Research Brief：The Teen ADHD Workshop to Improve Adolescent ADHD Treatment Engagement［J］．SAGE Publications，2020（8）：24.

以自己的实际行动，来打消大家对于创作与作者工作坊的疑虑。① 五是教育类工作坊，例如，玛丽蒙特大学举办了一次“创新工作坊”，作为制度更新的第一步，其目的是提高学生和教师对改变本科经验的必要性的意识。② 以上就是工作室最早的形式。

在我国，研究者从不同角度和侧重点出发对名师工作室的内涵界定，包括从名师工作室的组织性质、活动内容及其功能等要素阐述名师工作室的内涵。

学者充分利用了教师专业共同体的观点，认为名师工作室是一个由具有明确目标的优秀教师所形成的群体，并在专家的组织和引导下，持续地进行分享性活动，从而形成了一个具有密切联系的共同体。③ 学者李曾更注重“名师”的品牌效应，他提出，“名师工作室”是一个将具有相同教育理念的优秀教师聚集到一起，并在其影响下进行创新性的教育与教学研究的学术组织。④ 刘穿石认为，“名师工作室”是一种通过课题研究、学术讨论等方式，来推动教师专业成长的一种组织方式，它在运作的时候，起到了凝聚和带动作用，并对其他老师起到了辐射和示范作用。它是为了解决各地中小学教师队伍的建设、名师资源的辐射、专项课题的研究等问题而专门成立的，它有固定的工作人员，并且有明确的具体的工作内容。⑤

综上，可以发现研究者从不同的研究视角对其进行了界定，一方面从实体性存在的名师工作室为研究的起点，从名师工作室的活动出发进行界定，主要受到教育行政部门或学校的支持和领导，是以一系列学习活动的开展，通过多样的活动方式，如课题研究、公开课、共同研读和名师引领等方式对内凝聚示范作用，集中促进教师在教学、培训和科研三方面的发展，促进教师专业发展；另一方面，名师工作室作为一种教师研修形式，是积累优秀教师、扩大名师效应、以点带面不断向外扩散和辐射团队组织，促进中小学教师队伍建设，带动

---

① 佚名．爱荷华作家工作坊［EB/OL］．（2020-06-04）［2022-06-12］．http：//writersworkshop.uiowa.edu/.

② PANETTA R. Innovation Workshop［J］. R Panetta-Liberal Education，1973（4）：424-432.

③ 全力．名师工作室环境中的教师专业成长：一种专业共同体的视角［J］．当代教育科学，2009（13）：31-34.

④ 李曾．“名师工作室”的解与思［J］．辽宁教育，2012（13）：8-9.

⑤ 刘穿石．“名师工作室”的解读与理性反思［J］．江苏教育研究，2010（30）：4-7.

更多教师专业成长。

2. 名师工作室功能的研究

学术界对名师工作室功能的研究主要集中在教育教学功能、系统性功能、教师培养功能三方面。

一是教育教学功能。刘穿石认为，“名师工作室”是一种共享高质量的教育资源，有目的、有计划、有步骤地推广新的教育思想，为学校提供一大批骨干人才。① 韩爽从“实践载体”“知识积累”“技术推广”“专业提升”等四个角度，对“名师工作室”的多元化研究内容与活动进行了较为详尽的介绍。② 崔国明通过名师工作室与教研室定位辨析指出，名师工作室应要瞄准精英，重点关注“学习”“研究”“发展”。③

二是系统性功能。魏书彬等人认为，名师工作室对于老师来说，最大的价值就是它的无行政管理的“自组织结构”，它能激励老师们的学习动力，创造一个民主、公平的环境，使老师们对这个共同体有一种强烈的认同感及归属感。教师这样就能更好地发挥出自己的潜质，更好地发挥出自己的作用。④ 王兴刚认为名师工作室旨在提升学员教师的教学能力、学术能力和人格修养。⑤ 张华清在自己的研究中提到自己名师工作室的目标为“尊重教育科学，把握教育规律；注重专业发展，形成教育思想；提供教研示范，构建教学模式；开发校本课程，打造教育品牌”，体现了对教育教学功能的关注。胡继飞将名师工作室功能总结为名师展示的舞台、骨干培养的基地、教学示范的窗口、科研兴教的引擎和教研改革的论坛。⑥

三是教师培养功能。孙兆航等人认为名师工作室的建设可以促进名师快速发展，更是充分发挥名师示范、辐射、指导和带动作用的新型阵地，同时也有利于构建学习型、研究型文化校园，并有指出名师工作室有利于发挥名师的带

① 刘穿石．“名师工作室”的解读与理性反思 [J]．江苏教育研究，2010 (30)：4-7.

② 韩爽．以教师专业发展为指向的名师工作室运行研究：以吉林省中小学名师工作室为个案 [D]．东北师范大学，2015.

③ 崔国明．试论名师工作室与教研室的定位差异 [J]．中小学教师培训，2015 (7)：68-70.

④ 魏书彬，杨雨，陈加柱．“名师工作室”引领下教师教育培训形式的转变 [J]．现代教育科学，2015 (12)：99-100.

⑤ 王兴刚．名师工作室的价值与作用 [J]．教育实践与研究 (B)，2011 (6)：4-6.

⑥ 胡继飞．中小学名师工作室建设的问题与建议 [J]．基础教育，2012 (2)：48-51.

动作用，优化教师队伍建设。①② 也有学者指出名师工作室有利于帮助教师交流合作，改变职业倦怠，③ 不仅能够提升主持人专业素质，更能促进工作室成员专业再发展。④

3. 名师工作室运行管理的研究

学术界对名师工作室运行管理的研究主要分为以下两种。

第一种通过名师工作室具体的实践活动来驱动其有效的运转，即任务驱动。一个工作室应该组成一个以领衔人为主导的导师团队，利用团队对成员的考察、诊断，⑤ 以教师的现有发展水平、方向、特点等要素为依据，对其进行评估，将教育教学中存在的需要亟待解决的问题，转化为研究课题。⑥ 在团队成员的共同努力下，让工作室成员在课题研究过程中，能够促进课堂教学的改进和发展。⑦ 马张留⑧、何灿华⑨认为改进名师工作室团队研修的策略主要有：团队指导，通过团队对成员的综合考察、诊断，就其发展水平、方向特点等要素共同作出客观、公正的评估，在此基础设计适合每一位成员发展可能的成长方案；项目引导，以课题牵动教研与教学组织形式为“经”，推行新的教学方式为“纬”，依托并指导课堂教学的研究与发展，达到构建有效课堂这一目的，互动交流，扩大沟通交流力度，更好地营造学习、研究、合作的氛围。

第二种是通过名师工作室研修的理念、思想、价值观、基本精神等从宏观方面指导其应然的研修路径，以达到有效提升教师综合素质和能力水平的目标，使他们在专业发展中更加游刃有余。张华等人从理论上对名师工作室进行了深入的探讨，提出名师工作室的高效运作应坚持“具有民主性，体现民间性，提

---

① 孙兆航，吴秀波．名师工作室建设的“三块基石”[J]．当代教育科学，2014（16）：24-26.

② 杨维风．名师工作室机制下的骨干教师专业发展：以“活动型学科课程教学”为例[J]．中学政治教学参考，2019（25）：74-76.

③ 袁成，廖洪森．让名师工作室助推教师专业成长[J]．思想政治课教学，2016（3）：89-92.

④ 王卫国．名师工作室建设须“四动”[J]．教学与管理，2018（13）：84.

⑤ 李曾．“名师工作室”的解与思[J]．辽宁教育，2012（7）：21-25.

⑥ 鄂冠中．区域性名师工作室运行策略摭谈[J]．中小学教师培训，2012（6）：56-58.

⑦ HOWARD D. Individual Houses in Groups：The Pattern Language in a Teaching Studio [J]. Journal of Architectural Education，2014，36（3）：14-19.

⑧ 马张留．对促进名师工作室高效运作策略的思考[J]．江苏教育研究，2010（30）：8-9.

⑨ 何灿华．名师工作室里的教师合作[J]．上海教育科研，2013（12）：22-24.

倡自愿性”的原则。①② 蒋福良认为基于网络培训的研修平台是名师工作室研修的有效途径，他认为应建立合理的监督和评估管理体系以及保障机制。③ 杨德铸和崔国明都认为，要想提高名师工作室的研究水平，必须要创新机制，现在的名师工作室主要是以“观摩课堂”和“课例研讨”为主，形式单一，内容单一，久而久之，就会让整个工作室产生“审美疲劳”，只有因地制宜，创新机制，才能更好地激发名师工作室的生机。④⑤

4. 名师工作室存在问题的研究

对于名师工作室存在的问题，有许多的研究文献从不同的角度进行了分析，在进行教育探索的过程中，名师工作室会面临着不同程度的困境与挑战。

李军斌认为，名师工作室的效率不高，一个重要的原因就是太注重名师的职称、资历和荣誉称号，而忽略了教师的教学理念和科研能力。⑥ 朱广清的研究表明，“名师”型的主持对于工作室的运作起到了很大的作用，好的主持人会与工作室的效率呈显著的正相关。⑦ 曾艳、严运锦等人通过探讨名师如何去践行其作为领导者的新角色问题，指出领衔名师应该如何实现有效专业成长的问题。⑧⑨ 朱宁波等人指出首先应该厘清名师的含义是什么，才能真正理解名师身份的内涵，并指出名师身份不单是活动的设计者以及学习过程的指导者，其最高境界应该是教育家型教师。⑩

总的来说，对名师工作室的问题研究，有两个方向：一是对其自身建设、规范的研究，即对其功能定位、内涵、作用等基本问题的研究，以提高其理论

---

① 张华．“名师工作室”：困境与出路［J］．教育管理，2012（3）：16-19.

② 高鹏．“草根化经营”：名师工作室发展的必由之路［N］．江苏教育报，2011-11-24（A04）.

③ 蒋福良．基于网络的教师培训模式探析［J］．中小学教师培训，2007（12）：71-73.

④ 杨德铸．“名师工作室”高效运作的可行性策略研究［J］．江苏教师，2013（12）：15-16.

⑤ 崔国明．试论名师工作室与教研室的定位差异［J］．中小学教师培训，2015（7）：68-70.

⑥ 李军斌．“名师工作室”之路怎么走［J］．中国音乐教育，2012（5）：51.

⑦ 朱广清．名师工作室效能优化：以江苏省常州市名师工作室为例［J］．中国教育学刊，2013（7）：81-84.

⑧ 曾艳，张佳伟．名师作为学习领导者的角色实践与困境：基于上海市名师工作室的案例研究［J］．教师教育研究，2016（4）：92-98.

⑨ 严运锦．名师工作室中领衔名师的学习模式探析［J］．教育理论与实践，2019（26）：35-38.

⑩ 朱宁波，严运锦．名师工作室中名师身份解析：回归、拓展和超越［J］．教育科学，2019（2）：22-27.

与实践的质量；二是名师工作室研修的策略、机制研究，侧重于研究在名师工作室场域中教师成长的方式与路径等。事实上，这两方面的研究是密不可分的，对于前者的研究，有助于保障名师工作室研修的外部环境，而对于名师工作室运行机制的研究是名师工作室促进教师专业发展的基础和重要的保障。

1.5.2 关于信息技术名师工作室研究

为顺应教育信息化 2.0 行动计划要求，融合传统研修与信息技术的优势，信息技术名师工作室能够探索名师工作室研修方式的实践研究，有效推进名师工作室建设，促进教师队伍发展，在更大范围内发挥辐射引领作用。① 对信息技术名师工作室相关研究成果进行全面回顾与梳理，可以厘清信息技术名师工作室的研究脉络，更好把握研究现状与特点。

在信息技术名师工作室的内涵与功能的研究上，学者曹鹏认为信息技术名师工作室是以在信息技术与学科教学融合应用方面成果突出的教师为主体，以信息化教育教学研究与创新应用为核心，以提升教师信息素养、汇聚优质网络教学资源、提高全省基础教育教学质量和信息化水平为目标搭建的网络学习共同体。② 唐荣荣、刘业庆等人认为信息技术名师工作室要探讨信息技术与教育教学深度融合的问题，应该以信息技术与学科教学融合应用成果突出的教师为主体，以信息化教育教学研究与创新应用为核心，以提升教师信息素养、汇聚优质网络教学资源、提高区域基础教育教学质量和信息化水平为目标。③④

在推动信息技术名师工作室的建设方面，学者唐荣荣和卜忠飞其研究中以省网络名师工作室建设工作为契机，进一步加强拓展与整合，发挥网络平台和技术优势，在区域信息技术与课程融合工作中创出地方独特范式，将中小学名师工作室建设成研究的平台、成长的示范、凝聚的核心、辐射的窗口，利用互联网发挥名师的学科引领和辐射作用，为促进区域教育均衡发展、提升全省中

---

① 华铮．网络环境下名师工作室研修方式的实践与思考［J］．小学教学研究，2021（15）：20-21.

② 曹鹏．深度聚焦信息技术与教育教学融合创新：江苏省中小学网络名师工作室项目进展综述［J］．江苏教育，2021（34）：7-10.

③ 唐荣荣，卜忠飞．区域网络名师工作室建设推进策略初探：以扬州市省级中小学网络名师工作室建设为例［J］．江苏教育，2021（34）：21-23.

④ 刘业庆．初中网络名师工作室建设的实践性探究［J］．教师，2018（19）：9-11.

小学教师信息素养、提升信息化教学水平，对于打造信息技术与学科教学融合创新的区域范式有着重要的意义。[①] 陈雪松等研究者在其研究中指出，信息技术名师工作室应通过构建共建共享文化，以课题研究提升课程力，以课例研究提升教学能力，促进成员专业发展，带动区域创新教育质量总体提升。[②] 赵相文认为以信息技术名师工作室为平台，开展线下面对面培训，实施线上训练营，对提升教师信息化教学能力、提升培训团队的指导力、全面实现信息化与教学的融合创新发展起到了积极作用。[③] 王蕾在其文章中提到信息技术名师工作室的引领，促进教师专业成长的研发团队，带领骨干教师各取所需，聚合力量推进共同进步，成为信息技术教师发展的新途径。名师工作室以信息化教育教学研究与应用为核心，通过信息技术的强大支持，集“教、学、研、训、评”为一体，以信息技术与学科应用成果突出的教师为主体，探索基于“互联网＋”的教科研新模式，实现资源共享、互动交流、共同发展目标。

关于信息技术名师工作室的研究相较而言并不多，从已有的研究来看，学者们都认同信息技术名师工作室具有能促进教师能力发展、引领区域教师专业成长的作用，但已有研究在对信息技术名师工作室的组织建设、运行机制和绩效评估等方面的研究仍不够细致深入，促进信息技术名师工作室建设与发展的研究还比较薄弱，故信息技术名师工作室的研究仍有较大空间。本研究试图深入丁玉海名师工作室，并在相关理论指导下，概括、总结案例名师工作室是如何推进工作室的建设，并在此基础上分析信息技术丁玉海名师工作室在运行过程的建设路径，总结取得的成效并分析其在建设中的问题，从而建构出信息技术名师工作室建设框架，提出信息技术名师工作室的建设策略。

1.5.3　小结

总的来说，关于名师工作室的研究主要集中于中小学主学科名师工作室，而且研究成果也相对较多，研究的内容涉及名师工作室的内涵、功能目标定位、

---

① 唐荣荣，卜忠飞．区域网络名师工作室建设推进策略初探——以扬州市省级中小学网络名师工作室建设为例［J］．江苏教育，2021（34）：21-23.

② 陈雪松，冰洁，郑国庆．探索创新教育课程教学，引领区域教师专业成长［J］．教育科学论坛，2020（11）：57-58.

③ 赵相文．中小学教师信息技术应用与提升［J］．教育，2020（9）：27.

运行管理、存在问题等，但是对信息技术名师工作室的研究还比较少，促进信息技术名师工作室建设与发展的研究还比较薄弱。故以信息技术丁玉海名师工作室作为本书研究个案，总结其建设路径，从而探寻信息技术名师工作室持续高效发展的建设框架及建设策略是有必要的。

1.6 研究思路

本次研究遵循“背景研究—描述研究—建设路径研究—建设成效及困境研究—建设框架及策略研究”这一逻辑线索，从五部分推动研究进程。该研究思路也可为名师工作室相关研究提供参考。

第一，背景研究。通过分析当前信息技术名师工作室相关背景，明确研究的目标及需要解决的问题。

第二，描述研究。通过实物收集和访谈的方式深入信息技术丁玉海名师工作室内部，对信息技术丁玉海名师工作室基本情况进行梳理。

第三，建设路径研究。根据信息技术丁玉海名师工作室的运行现状及研修效果，从工作室目标规划、管理制度等方面探析信息技术丁玉海名师工作室的建设路径。

第四，建设成效及困境研究。了解信息技术丁玉海名师工作室的建设成效，分析其在建设中的困境。

第五，建设框架及策略研究。在探析丁玉海名师工作室的建设路径、总结分析建设成效及困境的基础上，构建出信息技术名师工作室的建设框架、探寻信息技术名师工作室持续高效发展的建设策略，以期为信息技术名师工作室的建设及运行提供参考。

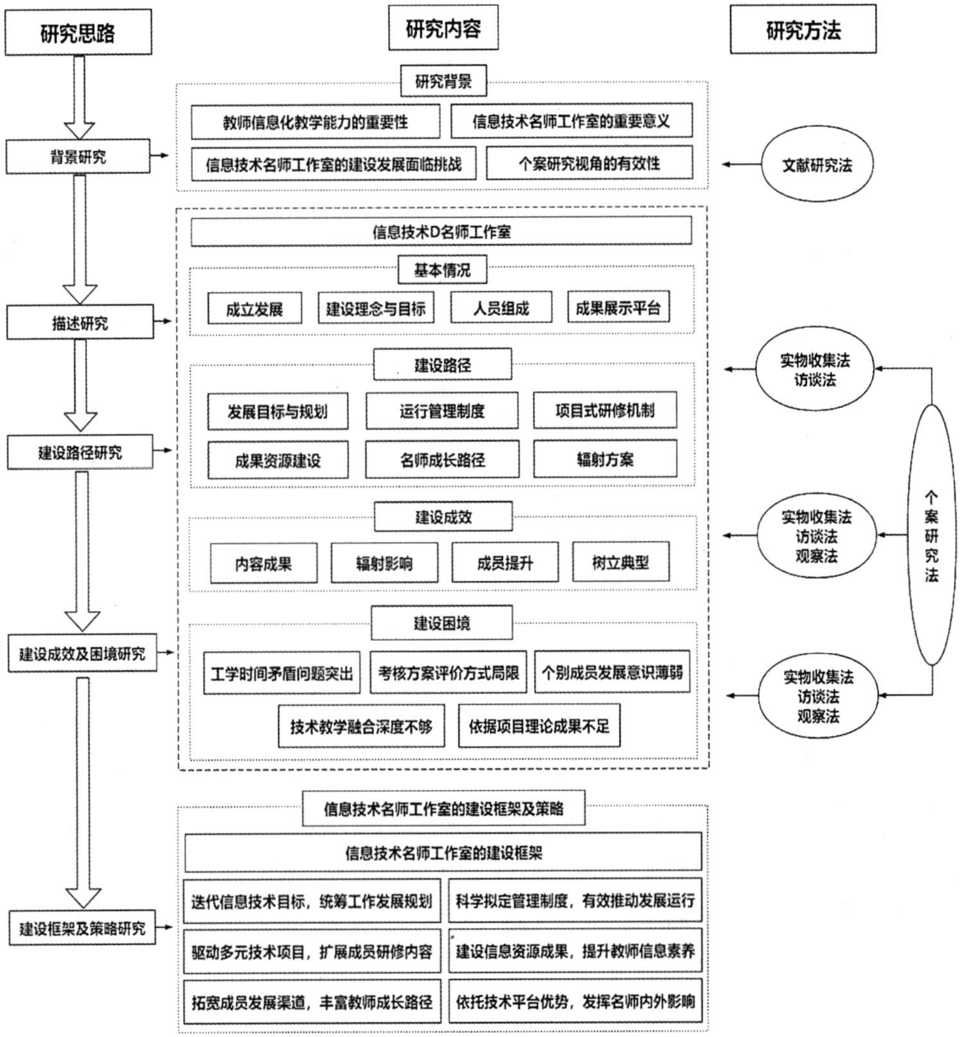

研究思路
研究内容
研究方法
研究背景
教师信息化教学能力的重要性
信息技术名师工作室的重要意义
背景研究
信息技术名师工作室的建设发展面临挑战
个案研究视角的有效性
文献研究法
信息技术D名师工作室
基本情况
描述研究
成立发展
建设理念与目标
人员组成
成果展示平台
建设路径
实物收集法
访谈法
发展目标与规划
运行管理制度
项目式研修机制
建设路径研究
成果资源建设
名师成长路径
辐射方案
个案研究法
建设成效
实物收集法
访谈法
观察法
内容成果
辐射影响
成员提升
树立典型
建设困境
建设成效及困境研究
工学时间矛盾问题突出
考核方案评价方式局限
个别成员发展意识薄弱
实物收集法
访谈法
观察法
技术教学融合深度不够
依据项目理论成果不足
信息技术名师工作室的建设框架及策略
信息技术名师工作室的建设框架
迭代信息技术目标，统筹工作发展规划
科学拟定管理制度，有效推动发展运行
建设框架及策略研究
驱动多元技术项目，扩展成员研修内容
建设信息资源成果，提升教师信息素养
拓宽成员发展渠道，丰富教师成长路径
依托技术平台优势，发挥名师内外影响

图 1-1　研究思路图

1.7 研究方法

1.7.1 文献研究法

查阅相关文献资料，全面了解名师工作室与信息技术名师工作室发展现状及趋势等，分析与归纳目前研究所取得的成果以及存在的不足，在此基础上确定研究的具体内容。

1.7.2 个案研究法

个案研究法是通过对所确定的研究对象进行连续的长时间跟踪观察，研究对象行为的变化全过程。作为质的研究方法是“以研究者本人作为研究工具，在自情景下采用多种资料收集方法对社会现象进行整体性探究、使用归纳法分析资料和形成理论、通过与研究对象互动对其行为和意义建构获得解释性理解的一种活动”①。

1. 个案选取

本研究主要采用目的性抽样，以信息技术丁玉海名师工作室为个案。信息技术丁玉海名师工作室是在邯郸市教育局领导下组建的，在邯郸市名师工作室的基础上，拓展至全国招募成员而成立的，是复合型名师工作室，由丁玉海老师担任主持人。信息技术丁玉海名师工作室是一个以探索信息技术与教育教学融合创新为目标，正逐渐成为在全国有一定影响力的教师发展共同体，是研究信息技术名师工作室的典型代表。在对个案具体分析时，通过观察法、访谈法和实物收集法的方式全面了解丁玉海名师工作室发展目标与规划、管理制度等建设路径及工作室的建设成效、存在的问题，从而更全面地明晰信息技术丁玉海名师工作室。

2. 观察法

采用参与式观察和非参与式观察的方式，对丁玉海名师工作室开展的各项

---

① 陈向明．质的研究方法与社会科学研究［M］．北京：教育科学出版社，2000.

活动进行观察，观察工作室的活动以及活动中的人员，进一步了解工作室活动开展的具体情况，并对丁玉海名师工作室都有哪些活动进行整理分析，更加客观地了解工作室是如何建设运行的。

3. 实物收集法

在质性研究中，对实物进行收集和分析是一种主要收集资料的方法。本次研究采用了实物搜集的方法，对工作室的资料进行了搜集。主要搜集内容有：工作室的会议和活动的记录、照片，工作室公众号文章，工作室规章制度等。为了对工作室有一个完整的认识，对上述资料进行了整理归纳。

4. 访谈法

访谈具有深入的对话性、开放性等特征，是质性研究中收集资料的主要手段。在本次研究中，主要使用的是访谈法，在访谈过程中，笔者不仅会按照访谈提纲进行开放式提问，还会根据其回答内容进行有目的的追问。对名师工作室的主持人和其他成员展开访谈，并在访谈中对目前工作室所面临的问题有更多的认识，以期对名师工作室成员在参加名师工作室学习过程中的观点和看法有更多的了解。

第二章　讲自己故事
——名师工作室组建运行情况

信息技术丁玉海名师工作室是一个以探索信息技术与教育教学融合创新为目标的教师发展共同体，经过多年的发展正逐渐成为在全国该领域内具有一定影响力的教师发展共同体，是信息技术名师工作室典型代表。将其作为研究个案，通过观察其工作室活动、整理工作室相关资料以及对工作室主持人及个别成员的访谈，以期全面了解丁玉海名师工作室的基本情况，为更多信息技术名师工作室建设提供借鉴参考。本章主要通过信息技术丁玉海名师工作室自我梳理，讲自己故事，为读者呈现一个“原生态”的发展运行画像。

2.1　名师工作室成立发展

信息技术丁玉海名师工作室是以邯郸市教育局组织成立的中小学信息技术名师工作室为基础，以主持人丁玉海为核心，在发展的过程中逐步从一个区域性名师工作室，通过不断招募拓展，目前成为面向全国的信息技术与教学融合领域的知名工作室。2022 年度被评选为邯郸市教育局优秀工作室，被希沃学苑确立为典型工作室，被学科网评选为全国优秀工作室，被七点半学苑认定为最有影响力工作室。丁玉海名师工作室自 2016 年成立，历经两届发展，在不断地探索实践中，工作室辐射范围更广、队伍逐步壮大，在主持人的带领下不断发展。

2.1.1　信息技术丁玉海名师工作室成立

随着全国各地对名师工作室探索成效的逐步显现，名师工作室这种全新的教师专业发展模式成为了教师专业发展的重要形式，近几年全国各地名师工作室如春笋一般快速成长发展，多家民间教育学会或组织发起成立了“全国名师工作室联盟”“某某学科名师工作室联盟”等民间协会组织，助推名师工作室交流发展。① 邯郸市教育局作为一级教育行政部门，也非常重视教师的专业发展，于 2016 年下发了《关于做好 2016 年度名师工作室工作的通知》，成立了 21 个名师工作室，信息技术丁玉海名师工作室位列其中，成为邯郸市教育局首批命名的名师工作室之一。

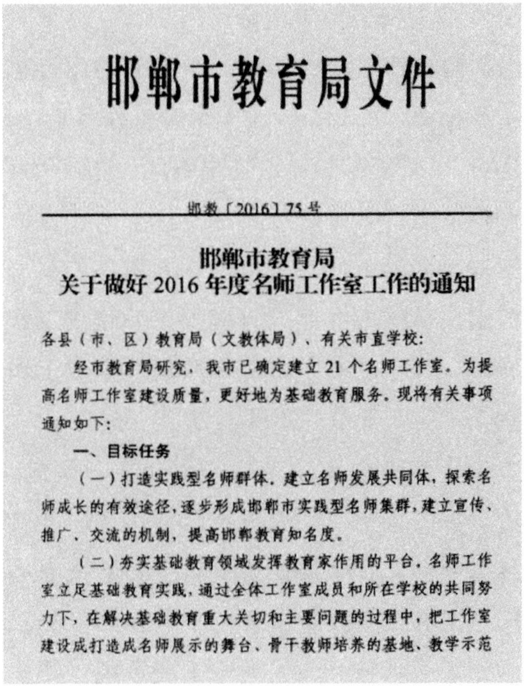

邯郸市教育局文件

邯教〔2016〕75号

邯郸市教育局
关于做好 2016 年度名师工作室工作的通知

各县（市、区）教育局（文教体局）、有关市直学校:

经市教育局研究，我市已确定建立 21 个名师工作室。为提高名师工作室建设质量，更好地为基础教育服务。现将有关事项通知如下:

一、目标任务

（一）打造实践型名师群体。建立名师发展共同体，探索名师成长的有效途径，逐步形成邯郸市实践型名师集群，建立宣传、推广、交流的机制，提高邯郸教育知名度。

（二）夯实基础教育领域发挥教育家作用的平台。名师工作室立足基础教育实践，通过全体工作室成员和所在学校的共同努力下，在解决基础教育重大关切和主要问题的过程中，把工作室建设成打造成名师展示的舞台、骨干教师培养的基地、教学示范

图 2-1　工作室成立文件

---

① 韩爽．以教师专业发展为指向的名师工作室运行研究：以吉林省中小学名师工作室为个案[D]．东北师范大学，2015.

怀着同样的渴望、同样的热情、同样的憧憬、同样的志向，15 人聚到一起组成一个团队，在主持人丁玉海老师的引领下，开始了共同的研究和探索之路，扎根课堂，基于问题，面向未来。在信息时代，信息技术丁玉海名师工作室以专业化的方式发挥信息化辐射作用，帮助更多有追求、渴望发展的教师走上名师之路。

2.1.2 信息技术丁玉海名师工作室发展

自 2016 年起，邯郸市教育局逐渐开始重视和建设各学科各阶段的名师工作室，并于 2016 年和 2021 年先后审批通过了两届名师工作室，名师工作室的发展从最初的“寥寥无几”到如今的“燎原之势”，在引领当地教师专业发展上发挥了重要作用。

1. 第一届信息技术丁玉海名师工作室

信息技术丁玉海名师工作室成立初期，工作室的运行与发展并不成熟，工作室的组建与运行主要根据《邯郸市中小学名师工作室管理办法（修订）》（简称《管理办法》）进行，《管理办法》从选拔条件、选拔程序、任务职责、组织管理、考核评估、保障措施六个方面对名师工作室的建立、运行等都作了明确的规定。信息技术丁玉海名师工作室根据文件要求，依据《管理办法》要求安排工作内容和辐射范围，机械地参照《管理办法》建设工作室，这导致工作室最开始目标定位不准确，一些成员并不能有质量地完成工作任务，甚至有不少老师选择退出工作室，工作室发展并不顺利。

李磊老师：丁玉海老师安排我们去做培训分享，很多老师都不愿意去讲，也觉得自己没东西可讲，不想讲，慢慢地也就掉队了。其实，本身能够加入工作室的人都可以称得上专家，在学校里边有很多的行政职务，自己本身工作就很忙了，也没有时间、没有精力做那些研究了，很多人就退出了。

发现这个问题后，丁玉海老师和成员们重新审视工作室目标与定位，调整工作室发展方向。2020 年 6 月份左右，通过社群方式，扩大宣传，借助互联网面向全国开启首次招募。此次招募，工作室设立了考核任务和招募条件，将有精力、有追求作为条件之一，招募符合条件的成员。首次招募共有来自各地的 200 多位老师报名参加，通过过程考核，最终 24 位老师正式加入。首次招募组织了线下见面会，见面会于 2020 年 8 月 19 日在邯郸新东方商务酒店二楼会议室召开，参加会议的有时任邯郸市教育局教师处副处长崔建国，洛阳理工学院教授、工作室首席指导专家李蒙，时任邯山区教师进修学校常务副校长申玉琦，邯山区教师进修学校专职副书记孟庆杰，经开区世纪路小学校长王丽芳，时任复兴区岭南小学校长唐岩勇，时任复兴区复兴小学校长翟世英，特邀嘉宾孙淑萍，河北省特级教师梁炜彬以及新老成员等 50 余人。

为了让工作室新成员进入更有仪式感，工作室制作了成员证书和喜报，至此工作室实现了“15＋24”（官方给定的工作室人数 15，招募 24 人）的成员格局。

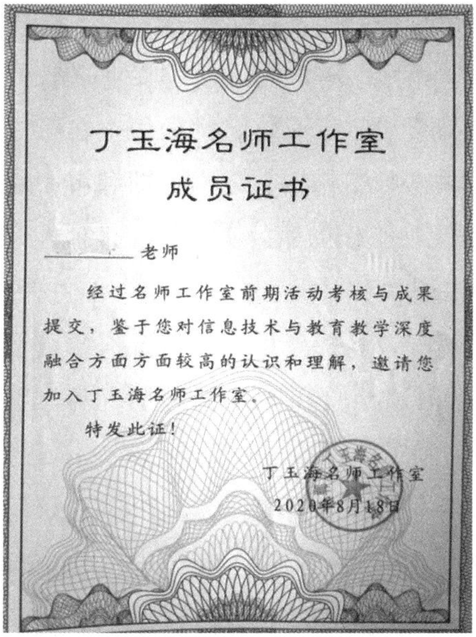
丁玉海名师工作室

成员证书

[redacted]老师

经过名师工作室前期活动考核与成果提交，鉴于您对信息技术与教育教学深度融合方面方面较高的认识和理解，邀请您加入丁玉海名师工作室。

特发此证！

丁玉海名师工作室

2020年8月18日

图 2-2　首批招募工作室成员证书

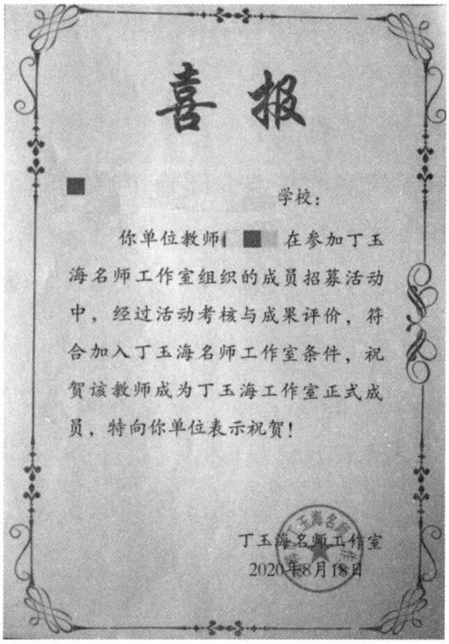
喜报

[redacted]学校：

你单位教师[redacted]在参加丁玉海名师工作室组织的成员招募活动中，经过活动考核与成果评价，符合加入丁玉海名师工作室条件，祝贺该教师成为丁玉海工作室正式成员，特向你单位表示祝贺！

丁玉海名师工作室

2020年8月18日

图 2-3　首批招募工作室成员喜报

李磊：这次招募后，工作室成员一下子增加到了近 40 人，新增加的成员比先前官方给定的成员人数还多，工作室队伍一下子壮大了很多。新增加的人员是通过招募进入到工作室的，在兴趣、追求、内驱力等方面均具有较好的基础，一些真正热爱的、有时间和精力的教师加入了工作室，为工作室增添了活力和动力，成员越来越多，让我感觉工作室成员是基于真的热爱在一起做事。

为继续扩大工作室影响、辐射惠及更多教师，在首批招募基础上，2021 年 2 月 1 日启动了第二批招募。第二批招募从 2021 年 2 月 1 日开始，到 3 月 15 日截止，招募活动共进行 43 天，其间共有 680 多位老师报名参加，最终 135 位老师通过考核正式进入工作室。

经过两次面向互联网公开招募，工作室成员最高峰达到 169 人（两次招募过程中有部分工作室成员由于种种原因退出）。此后工作室没有再组织大规模招募方式，改为“推荐制”，由现有工作室成员或其他有影响力的专家推荐。正确的运行方式加上真正的热爱使工作室源源不断地吸纳优秀教师成员。信息技术丁玉海名师工作室也因此成为了社会型的名师工作室，辐射范围更广、工作室成员队伍更加壮大。

2. 第二届信息技术丁玉海名师工作室

为进一步发挥名师的示范、引领、辐射作用，搭建促进教师专业成长的发展平台，建设一支适应教育现代化需要的高素质、专业化名师队伍，在第一届名师工作室的基础上邯郸市启动建设第二届名师工作室。根据《邯郸市中小学名师工作室管理办法（试行）》，名师工作室在工作周期内实行年度过程性评价与任期届满终结性评估相结合。考核的对象包括名师工作室、工作室主持人、成员。考核内容主要包括工作室自身建设情况、名师作用发挥情况、成员培训学习效果情况、教育教学科研成果情况、培训经验和成果推广情况等。2021 年，邯郸市教育局发布《关于建设第二届名师工作室的通知》，信息技术丁玉海名师工作室成为邯郸市教育局认定的第二届名师工作室之一，这标志着第二届信息技术丁玉海名师工作室成立。

经过第一届的发展，新一届的名师工作室更加明确其定位，在课堂教学、教学科研、读书学习、研修交流等方面进一步深入研究并开展工作，进一步完善教师专业成长机制，在原有基础上进一步扩大规模及影响力。信息技术丁玉海名师工作室致力于发挥名师的示范引领作用，探索在线研修和线下培训的结合，带领一批教师以工作室为基地，通过各种活动、培训等，成长为一批优秀教师。

从 2016 年至今，信息技术丁玉海名师工作室已经走过了 6 个年头，经过不断地发展，如今工作室有了更庞大的队伍、更完善的研修机制、更清晰的目标，发挥工作室的团队优势，辐射、带动教师成长，提升教育质量。

2.2　名师工作室理念目标

一个团队要想持续不断地发展，建立适宜的团队理念以及工作室的共同目标至关重要。信息技术丁玉海名师工作室是邯郸市区域内乃至全国范围内优秀教师组成的教师研修群体，以促进教师专业发展、探索信息技术与教育教学融合创新为目标。

2.2.1　信息技术丁玉海名师工作室建设理念

工作室的理念既是工作室稳固发展的坚定根基，也是工作室带领全体成员高效前进的强大驱动力。工作室主持人丁玉海常说：“一个人走得很快，但一群人能走得更远。一群人一起走就离不开团队应该有的信念感。”

丁玉海：“因为有情怀，所以一起来”，这句话最开始我记不清是听哪个老师说的，但听过之后我深有感触，感觉它特别符合我们团队的整个的发展需求，所以确定了把它作为工作室团队的文化理念。因为团队的辐射面逐渐增大时，不管是凝聚力和向心力，它总是得有一个核心点，就是我们走到一起的理由。

这种信念是对教育的信念，鼓励工作室成员在原有的基础上得到更好的发展，以孜孜不倦地在成长道路上实现自我的不断超越，成为更好的自己。正如工作室成员吴琳所说，这里的情怀是我们每个人想成为更好的自己的情怀，是一群志同道合的人一起做喜欢的事（研究极简技术），这里的情怀还有助人的情怀，还有育人情怀、想让教育更美好的情怀。

在长期高效运行的过程中，信息技术丁玉海名师工作室始终坚守“因为有情怀，所以一起来”的团队建设理念，且全体成员对此理念达成了共识。正是由于工作室每个人对这份理念的坚守，团队的每个人都怀揣着这种情怀理念，信息技术丁玉海名师工作室才会聚集着真正热爱教育、热爱技术融合教育的教育者同行。

2.2.2 信息技术丁玉海名师工作室建设目标

1. 工作室目标的迭代

名师工作室的建设以促进教师发展为目的，但具体工作室如何建设，不同的工作室具体的建设目标也不尽相同。信息技术丁玉海名师工作室是由各学科优秀教师共同组成的教师研修群体，在具体的建设发展过程中，工作室建设的目标具体是什么、方向如何，这都决定着工作室的发展。从工作室成立之初至今，信息技术丁玉海名师工作室经过数次摸索，才找到自身真正的定位，其目标也逐渐清晰起来。

成立之初的信息技术丁玉海名师工作室的目标是技术支持跨学科教学的探索，此后工作室目标在历经技术主题支持教学、101 教育 PPT 的课堂应用两个阶段的发展后，最终确立了现阶段的目标，即探索信息技术与教育教学融合创新，致力于极简技术的应用研究。在教育领域中，操作烦琐的技术会逐渐随着时代变迁被淘汰，极简技术更容易被普遍接受使用，只有将教育技术化繁为简，才能达到最佳的效果。①

丁玉海：（关于极简技术）我们遇到某一个教学问题的时候，首先要想这个事能不能用一种技术工具的方式让流程简化，省时省力。我们现在都很清楚，老师现在工作是比较忙的，所以说减负这件事靠什么？单纯靠上级给我们减负可能还不够。那么怎么办呢？我们应该学会自我减负，借助极简技术来提升自己的问题解决能力。

信息技术丁玉海名师工作室的建设目标历经四个阶段的更迭，从最初的对技术支持跨学科教学的探索到极简技术支持教学的研究，再到致力于 101 教育 PPT 的课堂应用研究，最后到如今致力于探索信息技术与教育教学融合创新。关注技术教学应用的场景，开发适合教学应用场景以及引领技术示范的微课，促进技术的创新应用，将不断推广极简教学技术作为工作室发展与建设目标。

① 黎加厚，窦继红，梁凯华，等．极简教育技术，让技术赋能每一个教师和学生：极简技术的兴起与界定［J］．中国信息技术教育，2021（20）：4-11.

2. 工作室 Logo 标志

作为工作室团队理念与目标的象征与载体，信息技术丁玉海名师工作室 Logo 的设置能够促进全体成员价值追求的认同、理念观点的统一，形成“共建、共创、共享、共进、共赢”的发展态势。在团队精神得到不断锤炼的同时，工作室成员的教学技能和个人素养也得到逐层提升。

图 2-4　工作室第一版 Logo

信息技术丁玉海名师工作室 Logo 共经过两个版本的迭代升级，第一版如图 2-4，在后来发展的过程中，成员发现代表工作室的 Logo 不符合圆形的设计要求，且随着工作室的逐步发展，Logo 所承担的意义也愈加丰富，因此工作室决定设计新版 Logo。

图 2-5　工作室第二版 Logo

2022 年 4 月，在工作室团队文化组负责人葛丽亚老师主导下，经过团队文化组成员反复讨论及与主持人反复研讨下，设计出了工作室新的 Logo（图 2-5）。Logo 采用圆形设计，在造型主体上，沿用工作室首字母大写 D，在此基础上使用全新变形的“丁”字作为新造型，突出了“领头雁”丁玉海老师的引领力量；在色调上，新版 Logo 沿用原有代表着超级活力和强大生机的黄绿青蓝渐变色调，更趋于动感、简约、凝练，彰显着工作室从最初的稳步前行到今日的飞速发展。通过 D 字头带有信息技术风格的拖尾造型，象征着工作室各类丰富资源，源源不断、输入输出。字母收尾处箭头形象直指右上方，象征着工作室发展必将蒸蒸日上，每一位成员积极向上，不断成长。三个人形标识，向心力指向工作室的主体元素字母 D，彰显着工作室强大的向心力和凝聚力。

整体 logo 为圆形，符合东方美学，浸透着中华民族“圆润和谐”的文化内涵，相信我们工作室的全体成员，必将团结一心，在一轮又一轮的“春生，夏长，秋收，冬藏”中，共同获得圆满成功。

——团队文化组对新版 Logo 释义

2.3 名师工作室人员组成

名师工作室主要由工作室主持人和成员组成，官方设立的名师工作室一般人数是 16 人（包含主持人），但也有例外，在南方一些省份官方组建的名师工作室最初成立的时候人数都超过了这个人数。

2.3.1 工作室主持人

1. 主持人简介

主持人是工作室的引领者，依据《管理办法》规定，名师工作室主持人应当具备以下条件：有较强的政治思想觉悟，热爱教育事业；具有较强的沟通协调能力，善于指导和培养中青年教师、优秀班主任，能发挥示范引领作用等优秀品质。与此同时，能够胜任主持人工作的良好身体状况也是当选的必要条件。

信息技术丁玉海名师工作室历经两届的发展，均以丁玉海老师为工作室主持人，他的成长就是一条专业成长路。丁玉海老师有 20 多年的教学经历，目前是河北省邯郸市邯山区教师进修学校校长助理。在多年的教育工作中积累了教育教学经验，他曾主持省重点资助课题，有着丰富的理论知识，其研究方向包括极简教学技术应用、项目教学设计与实践、课程整合设计与实践、人工智能及创客教育等。丁玉海老师有多重身份，除了是工作室主持人之外，他也是教育部信息技术应用能力提升工程授课专家、中国信息协会教育分会在线教育专家委员会委员、中国教育发展战略学会学科信息化专家、英特尔未来教育国家主讲教师、河北省信息技术能力提升工程 2.0 办公室成员、河北大学教育学院硕士生兼职导师，有省级骨干教师及教师培训工作先进个人荣誉称号，这些丰富的经历都为他高效地主持工作室奠定了坚实的基础。

丁玉海老师一直以饱满的状态对待工作，如果你在工作室工作微信群内，就会经常发现丁玉海老师深夜还在汇总文件材料，却在次日清晨又在工作室微信群转发当日成果动态。

吴琳：丁玉海老师是一个平易近人的大咖！几年前我还没有进工作室的时候就添加上丁玉海老师微信了。有一次我遇到了一个技术问题试着给丁玉海老师打了个电话，丁玉海老师竟然接通了，而且非常耐心地帮我解决了，没想到一个这么优秀的专家大咖会同意我的请求，当时肃然起敬，也决心加入工作室进行更深入的学习。

2. 主持人角色

主持人丁玉海老师是组织内部的领航者，在工作室的运行中起着关键性的作用。作为组织内部的主心骨，他不仅仅是工作室的领导者，也是工作室活动开展的组织者，同时他也是学习者。

（1）工作室的领导者

丁玉海作为主持人在工作室承担的责任主要包括日常事务的管理以及对成员的引领。在日常事务的管理中，主要是制订工作室的工作计划，协调工作室各方面事务等，如图 2-6 为丁玉海老师在向工作室的组长发布工作室规划与安排。作为工作室的引领者，丁玉海老师本身就具备丰富的教学经验和自己鲜明的教学风格；同时，他会协助成员制订合理的发展目标和计划，并且在过程中给予支持、引导和帮助。在这个过程中成员及主持人自己的工作能力都将得到提升，促进名师的发展，从而推动工作室的优良发展，为成员创造出和谐积极的学习氛围。

（2）工作室活动开展的组织者

在名师工作室举办相应的活动需要丁玉海老师的组织协调，活动的形式、类型、时间等也都需要他来决策。同时，他还要了解工作室成员对学习的需求，并组织开展适切的活动，打破现状和罢黜陈规，运用多种策略满足成员的学习诉求。例如为提升工作室成员教学设计能力，丁玉海老师拟邀请专家崔佳博士为工作室举办“教学设计工作坊”。

丁玉海：我已经和崔佳博士沟通，准备在疫情稳定后组织一期教学设计工作坊培训，人数在 20 人以内，到时候安排咱们的“精兵强将”组织参加。

图2-6　丁玉海在微信群发布工作室规划与安排

（3）工作室的学习者

主持人丁玉海老师在工作室建设和管理的过程，也是他克服困境和挑战的过程，丁玉海老师要让其团队有条不紊地发展运行，必须时刻严格督促要求自己，提升自己应对困境和挑战的能力，以至于能够更好地引导和支持工作室成员发展，进而调整学习指导思想并不断修正和巩固学习成果。同时，在促进工作室成员发展的过程中，不仅是成员得到了发展与成长，主持人丁玉海老师也同样得到了自身成长。工作室作为一个学习共同体，其目的是让所有成员相互学习，共同进步。

2.3.2　名师工作室研修成员

1. 研修成员简介

信息技术丁玉海名师工作室是由邯郸市教育局官方名师工作室衍生出来的名师工作室。是以邯郸市教育局组织成立的官方工作室为基础，以工作室主持人丁玉海老师为核心，面向全国招募工作室成员而成立的。在人员构成上，信息技术丁玉海名师工作室的成员分为官方成员及招募成员两类。

（1）官方成员

官方成员是由邯郸市教育局发文认定的成员，信息技术丁玉海名师工作室的官方成员均来自于邯郸市内的学校，多数教师任教学科为信息技术或信息科技，主要为助力学生信息技术结业水平测试，增强学生运用信息技术实践能力。截至本研究统计，工作室官方成员共有 14 人，基本情况如表 2-1。

表 2-1　信息技术丁玉海名师工作室官方成员

姓名	工作单位	职位	职称
李　磊	邯郸市荀子中学	主任	中小学高级教师
刘书花	涉县龙北小学	教师	中小学高级教师
牛存磊	馆陶县第二实验小学	教师	中小学高级教师
周彦梅	邯山区教师进修学校	主任	高级讲师
陈艳玲	临漳县第二中学	副校长	中小学一级教师
张敬敏	邯山区教师进修学校	主任	中小学一级教师
董艳芳	邯山区教师进修学校	工会主席	中小学一级教师
甄玉洁	邯郸市第十中学	主任	中小学一级教师
路文红	邯郸市海翔学校	教师	中小学一级教师
韩静芳	邯郸市赵苑中学	教师	中小学一级教师
刘志雪	馆陶县第一中学初中部	教师	中小学一级教师
武艳红	丛台区行知实验中学	教师	中小学一级教师
黄　鹏	武安市第十中学	教师	中小学一级教师
杜会其	邯郸市第二十四中学	教师	中小学高级教师

（2）招募成员

截至本研究统计，丁玉海名师工作室成员已达 133 人，成员分布范围以河北省为中心，向四周辐射，北至吉林、南至广东、西至新疆、东至浙江，遍布全国共 16 个省、自治区、直辖市，且有朝着向全国各地扩散发展的趋势，其中河北省成员人数最多，高达108人（表2-2）。信息技术丁玉海名师工作室致力于信息技术与教育教学融合创新，不仅聚焦于信息科技学科的教学研修，更多的是以提升教师信息素养、发展教师专业能力为目的。工作室进行成员招募时，并没有限制加入工作室的成员教师所任教的学科，故工作室成员的构成具有多元性，包括从幼儿园到大学各学段的、担任信息科技、语文、数学等11种学科教学的教师（表2-3、表2-4）。

表2-2 信息技术丁玉海名师工作室成员地区分布

所在地	人数	所在地	人数
河北	108	浙江	2
陕西	8	新疆	2
河南	4	甘肃	2
山西	3	江苏	1
广东	3	宁夏	1
福建	3	吉林	1
辽宁	2	重庆	1
湖北	2	山东	1

表2-3 信息技术丁玉海名师工作室成员学段分布

学段	人数	学段	人数
幼儿	4	高职	1
小学	72	专科	4
初中	43	大学	1
高中	15	进修学校	4
中职	1		

表2-4 信息技术丁玉海名师工作室成员学科分布

学科	人数	学科	人数
数学	43	信息科技	32
语文	28	英语	20

续表

学科	人数	学科	人数
化学	6	思政	2
生物	5	道法	1
地理	2	美术	1
物理	2		

2. 研修成员角色

成员也有着丰富的身份角色，不仅仅是学习者，也是工作室的资源建设者，工作室极简技术的辐射宣传者。

（1）学习者

在工作室研修的过程中，每位成员都在以一个学习者的身份，在工作任务中汲取知识、锻炼能力，更好地实现自我提升。丁玉海名师工作室作为具有庞大的队伍的学习共同体，自加入工作室起就要参与到工作室安排的学习活动中，完成任务，如每周工作室都会开展读书会，成员每月需完成一节极简技术微课。新时代对于教师的要求不断提高，这促进了名师工作室的诞生，目的是利用名师工作室中的名教师的优秀经验和知识，在教师的成长上起到示范和引领作用，带动教师团体不断学习。在工作室中，各个成员教师之间可以互相促进，共同探索，通过名师主持人引领作用的发挥，集思广益，在相互探讨合作中实现教师的共同发展。①

（2）资源建设者

在信息技术丁玉海名师工作室运行发展过程中，工作室的成员教师不仅是学习者，在名师工作室建设的同时，工作室以提高教师专业能力为目标，利用团队成员学科优势，在完成学习及项目任务时，成员教师也会输出相应的成果，开发和提供一系列精品课程以及多种教育教学资源，各类课程与资源在工作室的媒体平台上发布，如适用于多种教学场景的极简技术微课、各类信息化能力提升工程 2.0 学习资源。

---

① 黄婷．基于名师工作室的高中教师专业发展研究［D］．湖南科技大学，2021：30.

（3）辐射宣传者

在信息技术丁玉海名师工作室，每位成员都要充分发挥名师工作室的引领、辐射和示范功能，做极简教学技术、信息技术与课程融合理念的宣传者。例如，每位成员都有自己的管理微信群，在群内可以为群成员解疑答惑，同时也用来转发工作室的研修成果，使工作室的辐射作用不再仅仅局限于自己的学校和课堂，空间和时间也得到了延伸。

工作室主持人及成员不同的角色定位，构成了工作室完整的组织架构体系，保证了工作室成员获得教研指导和学术助力，工作室成员在教学实践和新技术实践化等方面，获得了显性的助力。

2.4 名师工作室成果发布

信息技术丁玉海名师工作室始终体现探索信息技术与教育教学融合的发展目标，充分利用各种新媒体平台，包括微信公众号、UMU 学习平台等网络平台，通过各种互联网平台的依托作用，将研修成果发布。

2.4.1 微信公众号

信息技术丁玉海名师工作室官方微信公众号为：丁玉海名师工作室。正如公众号简介所言“关注教育，关注信息化”，丁玉海名师工作室微信公众号也多发布教育信息化相关内容，其账号中设置众多栏目如表 2-5 所示。此外，微信公众号也是信息技术丁玉海名师工作室其他资源及工作室动态的分享平台，如经典课程案例资源分享、工作室成员公益编程直播课程等动态也会及时发布。

表 2-5 丁玉海名师工作室微信公众号部分栏目

栏目名称	发布内容
微课制作	极简技术微课
编程直播	公益编程直播课程动态推送
下载技术	技术工具下载技巧及方式

续表

栏目名称	发布内容
学科工具	服务于课堂的技术工具推荐，包括工具名称、主要功能、适用学科及学段、适用要求及场景、获取途径等信息
读书成果	工作室成员的教育故事、读书感悟
影片推荐	推荐具有教育意义的影片，包括影片介绍、推荐理由、观看方式

信息技术丁玉海名师工作室的官方微信公众号是工作室成果发布、推广宣传的重要平台，动态活跃、保持日更，将工作室成员的研修成果（如微课制作），筛选后进行发布。以微信公众号作为载体，承载信息技术丁玉海名师工作室的教育资源及内容，能够充分发挥微信的传播优势，与工作室的工作紧密结合，探索性地开展相关活动。微信公众号的开通，旨在提供更多平台让群众展开交流，能够更有效、迅速地传播信息。

2.4.2 UMU 学习平台

UMU 专业互动学习平台，不仅是为广大一线教师提供便捷、有效的教学平台，还是资源汇集共享与学习交流的服务平台。信息技术丁玉海名师工作室则利用 UMU 构建了很好的资源汇总与发布平台，提供了丰富的资源学习库。

信息技术丁玉海名师工作室以丁玉海老师及部分工作室成员的个人账号为依托，在工作室 UMU 学习平台不断更新各类资源，部分资源分类如表 2-6，主要资源有信息技术丁玉海名师工作室极简教学技术课程，截至 2022 年 12 月已更新 4 000 余节微课；邯郸市 2.0 专家组成果，其中包括文件及专家解读、整校推进校本研修案例、省区县能力提升 2.0 典型案例、能力提升 2.0 学习资料、信息技术提升工程 2.0 微能力点解读与应用等资源成果，助力提升教师信息化能力的提升；UMU 平台还发布了工作室成员成长故事展播，记录名师工作室成员成长的心历路程。此外，UMU 也是工作室开展训练营学习平台（关于工作室训练营会在 4.1 详细介绍），不同训练营的学习课程会上传至该平台，训练营课程参加者可在该平台进行学习。

表 2-6 丁玉海名师工作室 UMU 学习平台部分资源分类

资源分类	资源内容
极简教学技术课程	极简技术微课
邯郸市 2.0 专家组成果	文件及专家解读
	整校推进校本研修案例
	省区县能力提升 2.0 典型案例
	能力提升 2.0 学习资料
	信息技术提升工程 2.0 微能力点解读与应用
成员成长故事展播	工作室成员成长故事视频
训练营课程	工作室开展训练营学习课程

作为致力于将信息技术与教育教学相融合的团队，信息技术丁玉海名师工作室能够将技术真正应用于助力教学的实践中。UMU 不仅为工作室提供了成果展示、推广宣传的交流平台，也为关注信息技术丁玉海名师工作室的学习者建造了一个丰富的学习资源库。

2.4.3 抖音短视频

抖音作为一款备受追捧的视频软件平台，从 2016 年 9 月上线至今，已经成为亿万网民手机中的必备应用程序，其强大的文化传播功能和实时又可达的交互性为信息传播插上了一对翅膀。信息技术丁玉海名师工作室充分利用了这种新媒体平台，通过短视频的方式发布工作室成员制作视频成果。短视频平台可以针对教育与技术的融合创作出接地气、生活化的相关内容，让人们能够在碎片化的时间中摄取极简技术的养分，从而将极简技术的渗透到人们的日常生活工作中去。

2021 年 10 月 2 日，信息技术丁玉海名师工作室入驻抖音平台，截至 2023 年 7 月，丁玉海名师工作室抖音账号已有粉丝 17 000。工作室抖音账号以“技术助力教学，应用促进融合”为标语，通过研究教育技术应用规律，致力于为教师提供“学得会、用得上、能减负”的极简技术；通过极简技术口袋书和极简技术课堂应用资源库帮助教师提升信息素养。丁玉海名师工作室抖音账号共设置 7 个合集（如表 2-7），包括 5 个信息技术练习题库、办公小技巧、电脑知识。合集内容丰富多样、抖音视频短小精悍、实用性强，通过这种方式，不仅能服务广大教师，亦能让平台每个用户学到方便工作和学习的实用技术。

表 2-7　信息技术丁玉海名师工作室抖音平台资源内容

资源分类	资源内容
信息技术练习题库	信息技术练习题库之 Excel
	信息技术练习题库之 PPT
	信息技术练习题库之 Windows
	信息技术练习题库之 IE
	信息技术练习题库之 Word
办公小技巧	基于办公软件、微信小程序等实用技巧
电脑知识	计算机相关知识科普

2.4.4　今日头条

作为新闻聚合平台，今日头条能够通过程序算法逻辑，对海量信息进行个性化分发推送，从而满足用户的个性化信息需求。信息技术丁玉海名师工作室亦将其作为平台载体，在今日头条上发布工作室相关内容成果。

今日头条平台将用户发布成果分为“文章”“视频”“小视频”3 个栏目，信息技术丁玉海名师工作室在 3 个栏目中更新不同的资源内容（如表 2-8）：在“文章”栏目中，更新工作室成员制作的主题课程，将主题系列微课的应用场景、技术操作流程连同课程视频一起发布；在“视频”栏目中，工作室平台账号主要发布日常极简技术微课，分享简捷、好用的技术手段，助力教学与技术的融合；“小视频”栏目则与抖音账号平台相关联，在抖音平台发布的极简技术小视频也在此同时发布。

表 2-8 信息技术丁玉海名师工作室今日头条平台资源内容

栏目	发布内容
文章	更新主题课程
视频	日常极简技术微课
小视频	关联抖音平台，发布极简技术短视频

信息技术丁玉海名师工作室的今日头条账号平台，侧重工作室主题课程、直播回放的成果分享，将来要把这些课程进行归类梳理，积极推广，让其成为工作室成员进行讲座分享的内容资源库，方便查找梳理，进行再加工，得以到更大平台进行主题讲座、成果推广。信息技术丁玉海名师工作室今日头条网络平台的运营，不仅从多平台分享工作室的技术成果、惠及大众，同时以工作室为基点更进一步扩大了影响力。

2.4.5 希沃学苑

希沃是新生代有利于高效开展各种课堂教学活动的信息技术教学辅助平台。2022 年 4 月 30 日，信息技术丁玉海名师工作室入驻希沃学苑，受邀在希沃学苑平台成立了丁玉海名师学习工作室专区，截至 2023 年 7 月本研究统计已有订阅用户 799 人。信息技术丁玉海名师工作室的专区学习栏目依据技术工具的不同将微课视频分类形成合集，如钉钉专辑、希沃白板、人工智能等。信息技术丁玉海名师工作室在希沃学苑专区的创立，进一步丰富了工作室网络载体平台，并为后期有针对性地进行课程开发提供了更多可能。通过丰富多样的载体平台将有助于将工作室丰富的课程资源和专家力量，向广大教师辐射。

“百花齐放才是春”，信息技术丁玉海名师工作室怀揣大爱情怀，勇担教育责任，将一如既往地致力于为更多教师提供信息化教学资源，让优质的教育资源在更广的范围内得到共享。

——摘自信息技术丁玉海名师工作室上线希沃学苑专区宣传语

2.4.6　七点半学苑

七点半学苑是101教育PPT旗下的一个专注教师信息化教学能力提升的在线学习平台。该平台立足于实用性要求，专为教师打造，致力于为广大教师提供微课制作、课件制作、信息化教学软件体系化课程，让优质教育资源在更广范围内得到共享，从而促进教育公平，提升教育教学质量，促进教学资源公平化。

信息技术丁玉海名师工作室致力于极简技术的应用研究，作为专注于探索信息技术与教育教学融合创新的信息化团队，亦加盟七点半学苑，助力教师的信息化能力提升。丁玉海老师带领工作室成员在七点半学苑开发了一系列主题学习课程，此外，平台也会为工作室提供直播支持，工作室成员可在平台进行主题直播，供平台用户观看学习。信息技术丁玉海名师工作室在七点半学苑上线课程与直播内容，进一步丰富了工作室网络载体平台。作为专业学习平台的课程开发团队，工作室进行课程开发势必将更正式、更专业、更系统。通过专业的载体平台将有助于将工作室的课程资源和研修成果，向广大教师辐射。

在新媒体繁荣发展的当下，信息技术丁玉海名师工作室始终体现探索信息技术与教育教学融合的发展目标，充分利用各种新媒体平台，将研修成果依托网络载体进行发布，包括微信公众号、UMU学习平台、抖音短视频、今日头条、希沃学苑等网络平台。通过这些网络载体，工作室能够及时发布工作室研修成果，不仅能使成果惠及教育受众，也为工作室起到宣传推广效果，有助于工作室长期有效发展。

2.5　本章小结

邯郸市信息技术丁玉海名师工作室在加快教师专业发展中作为有代表性的样本脱颖而出，发挥了辐射和引领作用，帮助优秀教师实现专业发展。信息技术丁玉海名师工作室的研究方向包括：信息技术与学科教学融合创新、极简教学技术、项目化教学设计与实践、课程整合设计与实践、人工智能及创客教育，目前已经面向全国，正逐渐成为全国范围内有一定影响力的教师发展共同体，成为河北乃至全国教育界响亮的“品牌工作室”。本研究欲探索信息技术名师工作室的建设路径，将信息技术丁玉海名师工作室作为研究个案进行研究具有代表性意义。

信息技术丁玉海名师工作室成立时间长，自 2016 年成立以来，历经多年发展形成了独特鲜明的建设理念与目标，在建设发展中工作室队伍逐步扩大，至今已发展为共计有 130 余人的工作室团队。作为信息化团队，在信息技术丁玉海名师工作室的运行发展中充分利用各种新媒体平台，将研修成果依托网络载体进行发布，令成果惠及教育受众。本章从工作室的成立发展、建设理念与目标、运行载体及人员结构等方面介绍了信息技术丁玉海名师工作室的基本情况，为下文理解与分析信息技术丁玉海名师工作室的建设路径奠定基础。

第三章　走自己路子
——名师工作室成长路径方法

目前，我国许多地区针对本地区的教师教育现状，纷纷组建了不同层次和类型的“名师工作室”，借助“名师”的力量，通过团队的形式，促进更多的老师专业成长，形成更强的辐射和影响，这一新的尝试，必将是新时代的一条新的教育发展道路。① 信息技术丁玉海名师工作室正是基于这样的背景建立起来的，是信息化发展推动下的必然产物。作为具有代表性的信息技术丁玉海名师工作室，其究竟是通过何种路径建设的呢？在对信息技术丁玉海名师工作室进行调查了解后，本章将从名师工作室的发展目标与规划、运行管理制度、项目式研修机制、成果资源建设、名师成长路径和工作室辐射方案六个方面总结信息技术丁玉海名师工作室的建设路径。

3.1　名师工作室发展目标与规划

目标的合理性决定着团队的持续发展，有了清晰、合适的目标并根据目标作出规划，团队才能得以发展。通过整理工作室资料，了解到丁玉海名师工作室的目标不是一蹴而就的，而是经过多阶段的发展才逐渐明了，以此为基础并对未来的发展有了清晰的规划。

---

① 韩爽．以教师专业发展为指向的名师工作室运行研究：以吉林省中小学名师工作室为个案[D]．东北师范大学，2015：61.

3.1.1 工作室目标形成

信息技术丁玉海名师工作室是由各学科优秀教师组成的教师研修群体，以促进教师专业发展为目的。在成立之初，工作室就有一个宏大的愿景——让每个人都成为教育创新实践者。

丁玉海：有很多老师说了这个题①太大了，但是作为一个愿景来说，这应该成为我们为之而奋斗努力的方向。比如说教育创新，我们也知道这个时代，如果没有教育上的创新，你就不会有一个我们现在的优质课堂。所以让每一个人都成为一个教育创新的实践者。

基于引领性的愿景，信息技术丁玉海名师工作室才确定了工作室具体发展的目标。但从工作室成立之初至今，丁玉海名师工作室经过数次摸索，发展的目标经历了技术支持下跨学科教学的探索、技术主题支持的教学研究、101 教育 PPT 的课堂应用研究、极简技术的应用研究四个阶段的迭代发展（如表 3-1），才找到自身真正的定位，其发展的目标也逐渐清晰起来。

第一阶段，技术支持下跨学科教学的探索。成立之初的信息技术丁玉海名师工作室的目标是对技术支持跨学科教学的探索，确定目标运行之后发现存在两个方面问题：一是团队信息技术老师多，其他学科老师少，从而很多老师找不准自己各自的位置；二是目标定位指向多学科的整合设计，进入门槛比较高，因此对目标做出调整。

第二阶段，技术主题支持的教学研究。让工作室成员根据选定技术主题进行分组，如微课支持翻转课堂，微信支持互动教学、思维导图支持学生学习等，基于此目标，出现了以下问题：有技术主导了整个的目标方向，从而失去了教育和技术结合的主目标；团队小组之间影响与合作变少，各个组之间因为有了自己的主体目标，互相之间的影响和合作就变得比较微弱；缺少了团队成长的环境和影响力。团队在各自小组的过程中，没有了团队整个的影响，因此又进行目标调整。

第三阶段，101 教育 PPT 的课堂应用研究。工作室“把 101 教育 PPT 的课

---

① 即丁玉海老师提出的“让每个人都成为教育创新实践者”，作者注。

堂应用”作为目标，以101教育PPT为载体，开展线下相关培训活动、加工制作微课课程。然而，这个目标的问题在于研究范围有限，不能持续研究。

第四阶段，极简技术的应用研究。作出调整后，信息技术丁玉海名师工作室确定了第四阶段的目标，即现阶段的目标是极简教学技术的研究，用极简的教育技术化繁为简，达到最佳的效果。① 要关注技术教学应用的场景，开发应用场景加技术示范的微课促进技术的创新应用。至此，信息技术丁玉海名师工作室的发展目标得以确立。

表3-1　信息技术丁玉海名师工作室目标发展

发展阶段	目标重点	问题
第一阶段	技术支持下跨学科教学的探索	1. 成员定位不准 2. 目标定位门槛高
第二阶段	技术主题支持的教学研究	1. 忘记教育和技术结合主目标 2. 团队分散 3. 缺少团队成长的环境和影响力
第三阶段	101教育PPT的课堂应用研究	受软件功能限制，研究的范围有限
第四阶段	极简技术的应用研究	暂未发现问题

工作室目标的形成不是一蹴而就的，在工作室发展的不同阶段会遇到不同的问题与困难，发现问题、解决问题的过程也是目标不断完善清晰的过程。作为信息化的团队，信息技术丁玉海名师工作室经历的几次摸索阶段，在不同时期有不同的重点和特征。工作室目标的形成是一个不断发展迭代的过程，信息技术丁玉海名师工作室能够从实际出发，洞察环境，及时发现问题、分析原因，并相应地进行调整，进而选择更适切的目标作为工作室发展的风向标。

3.1.2　工作室研修规划

有目标、有规划，团队的发展才有明确的方向和适切的路径。信息技术丁

① 黎加厚，窦继红，梁凯华，等．极简教育技术，让技术赋能每一个教师和学生：极简技术的兴起与界定［J］．中国信息技术教育，2021（20）：4-11.

玉海名师工作室在运行过程中的具体规划和实施，主要的依据是工作室在前期筹备过程中制订的研修计划对工作室官方成员及发展作出的明确规划。第二届信息技术丁玉海名师工作室成立之初，即对工作室三年的发展作出规划，对工作室工作的开展有重要指向。在研修计划中，丁玉海名师工作室围绕三年的研修关键词：学习探索、全面实践、成果萃取，从以下方面做出工作室具体的工作规划（详见附录十）：

（1）自主学习：书籍阅读、课标研读、研究教材、提升学习、案例分析等；

（2）归纳提炼：课标梳理与归纳、教材梳理与归纳、提炼项目学习课程包等；

（3）课堂实践：项目学习设计、项目课堂实施等；

（4）成果表达：发表总结文章、撰写读书报告、撰写案例分析报告、参加官方组织讲课比赛、指导学生参加赛事活动、制订项目学习设计方案、制作项目学习课例包等；

（5）辐射扩散：开展相关观摩研讨课、举办有关主题讲座等。

——摘自第二届信息技术丁玉海名师工作室研修计划

研修计划是对工作室官方成员的研修任务作出的详细规划，计划中不仅明确了三年中官方成员的研修方向，同时也对官方成员在工作室的研修成果作出要求，作为工作室的成员教师既要做研究性的教师，也要做实践性的名师。例如，计划中要求每人三年内完成不少于 2 篇相关方向文章发表或不少于 2 项县级以上讲课比赛并获奖和指导不少于 2 名以上学生参加市级以上有关赛事活动并获奖。在工作室的研修不是虚无的、象征性的研修，是实实在在要有成果、有意义的学习过程。

除此之外，信息技术丁玉海名师工作室亦是面向全国的名师工作室，在这种定位上，工作室主持人丁玉海老师指出，要让每个人都成为教育创新实践者，致力于极简技术的应用研究，不断探索信息技术与教育教学融合创新。为此，基于确定的目标，信息技术丁玉海名师工作室也从三个不同方面为工作室的发展进行相应的规划。

1. 能力提升工程 2.0 的有效落地

教育部于 2019 年发布了《关于实施全国中小学教师信息技术应用能力提升工程 2.0 的意见》，正式启动了教师信息技术应用能力提升工程 2.0。这一工程的实施是建设新时代高素质、专业化、创新型教师队伍的需要，是变革教育教学方式、实现学校创新发展的需要，是破解教育改革发展难题、助力教育优质发展的需要。[①] 在实际的运行发展中，信息技术丁玉海名师工作室将探索能力提升工程 2.0 落地有效作为首要发展规划，例如工作室专门设置了能力提升工程 2.0 相关的项目组，在项目策划中，对该项目组主要内容及年度预期成果作出了详细的规划，项目内容不仅包括预期成果、作用价值、应用前景，还包括能力提升工程 2.0 相关方案策划、相关能力的课程制作及专题讲座等（表 3-2）。信息技术丁玉海名师工作室致力探索能力提升工程 2.0 落地有效，切实推动教师信息技术应用能力有效发展。

表 3-2 工作室能力提升工程 2.0 相关项目组工作规划（部分）

项目主要内容	能力提升工程 2.0 区域方案策划、跟踪指导、案例打磨及经验总结提炼 预期成果：形成区域能力提升工程 2.0 方案和经验 作用价值：可以为区域能力提升工程 2.0 推进提供一些经验、做法或模式 应用前景：为一个区域制定信息化发展规划和形成成果提供参考和依据
	能力提升工程 2.0 学校推进方案策划、跟踪指导、案例打磨及经验总结提炼 预期成果：形成学校能力提升工程 2.0 方案和经验 作用价值：可以为学校能力提升工程 2.0 推进提供一些经验、做法或模式 应用前景：为一个学校制定信息化发展规划和形成成果提供参考和依据
	能力提升工程 2.0 微能力点成果案例、课堂案例、校本研修案例打磨指导
	……

① 中华人民共和国教育部．关于实施全国中小学教师信息技术应用能力提升工程 2.0 的意见[EB/OL]．(2019-03-21)[2022-06-12]．http://www.moe.gov.cn/srcsite/A10/s7034/201904/t20190402_376493.html.

续表

项目年度预期成果	能力提升工程 2.0 学习提升相关能力的课程制作及专题讲座 成果名称：能力提升工程 2.0 课程/专题讲座（主题包括：政策解读、微能力点解读、混合式校本研修开展、校本研修考核、信息技术与学科融合课例设计等） 价值作用：示范引领 预期完成时间：2022 年 12 月 20 日 完成方式：组长统筹，小组合作完成
	能力提升工程 2.0 团队领导力和指导力的培养计划和提升策略 成果名称：能力提升工程 2.0 指导/管理团队指导力/领导力培养计划和考核办法 预期成果：提升参与者政策理解力、规划设计力、组织实施力、考核评价力、技术应用力 价值作用：为能力提升工程 2.0 管理团队和指导团队的培养提供培养方法 预期完成时间：2022 年 7 月 30 日 完成方式：组长统筹，小组合作完成
	……

2. 技术与教学的融合创新应用

在开展一系列成员活动过程中，信息技术丁玉海名师工作室重点突出信息技术应用能力与学科教学的融合，让信息技术手段充分发挥在学科教学中的价值，致力于技术与教学融合，积极探索技术支持教学的创新应用。如工作室会为成员制订完成不同类型技术微课的制作计划，微课就是技术与教学融合的一种表现，通过微课的设计与制作过程，成员不断发掘可用教学技术工具及使用方法，不断探索技术与教学融合的过程，如图 3-1 为工作室成员制作的相关微课。

图 3-1　极简教学技术微课

3. 创客教育与人工智能教学的探索

创客教育在教育中的应用能使学生创造性地思考问题、实践创新过程。人工智能是一门以研究、开发用于模拟、延伸和扩展人的智能的理论、方法、技术及应用系统的专业学科。① 人工智能教育则是培养学生了解人工智能的知识、原理、体验和实践人工智能的技术，并运用技术尝试创新性解决实际问题的课程。② 信息技术丁玉海名师工作室紧跟时代步伐、积极探索创客教育与人工智能教学。例如，工作室每周进行编程课程的直播，每月进行直播课程总结，摸索出具有自己特色的直播课程，能够吸引更多人参与到学习中来。

探索出更加独特的教学案例、并且能够把打磨出的教学设计与方法应用到教学中。以国家赛事为目标如中小学电脑制作活动、综合实践活动，能够推出

① 于泽元，邹静华．人工智能视野下的教学重构［J］．现代远程教育研究，2019（4）：37-46.

② 刘俊波，乐进军．中小学人工智能课程建设初探［J］．基础教育课程，2020（1）：16-20.

作品进行参赛；并且参与人员有能够完成指定作品的能力。为实现这样的规划，除了上述提到的项目组及任务安排外，信息技术丁玉海名师工作室设立了其他不同的项目组（详见章节3.3），每个项目组的工作计划中都详细规划了每个阶段中工作室的目标与任务，通过这种方式工作室将每个目标都变得细化、可操作。在信息技术丁玉海名师工作室运行发展过程中，工作室主持人和每位成员紧紧围绕详细、适切的研修规划开展活动，工作室的建设才能有条不紊。

3.2 名师工作室运行管理制度

优秀教师的诞生、优秀工作室的建设是主客观因素相互作用的结果，是一个内外因相互结合、不断促进的过程。在此过程中，除了清晰的目标规划，有效的制度安排也是重要因素。名师工作室是在相关教育部门的统筹下组建的，其发展也依靠相关部门的支持保障工作正常运行。制度的设置是工作室能够有效运行的基础，通过对工作室成员访谈及整理相关资料，以下将对信息技术丁玉海名师工作室的管理制度包括工作室成员招募制度、小组管理制度、工作室考核制度及工作室经费管理制度进行介绍。

3.2.1 工作室成员招募制度

为更好推广普及极简教学技术理念，给更多老师带来技术解决教学问题的指导和帮助，提升自身信息素养，邀请更多优秀教师加入到工作室，信息技术丁玉海名师工作室制定了《丁玉海名师工作室优秀教师招募办法（试行）》（简称《招募办法》）并不断迭代，目前最新招募办法是V3.0版（见附录三），新的招募办法采取推荐制，不受招募时间限制，可由工作室现有成员、其他教育系统专家等推荐，被推荐人员需要参加指定环节流程考核并合格后方可成为工作室正式成员。

在信息技术丁玉海名师工作室制定的《招募办法》中规定了教师招募需要进行四个环节，如图3-2：

1. 资料提交审核 ⟶ 2. 线上交流答辩 ⟶ 3. 实践过程考核 ⟶ 4. 技能展示终评

图 3-2　信息技术丁玉海名师工作室成员招募流程

第一，资料提交审核。招募成员填写优秀教师招募信息表，同时提交自荐信和自我介绍视频，必须包含教育教学经历、课题研究经历和培训分享经历。

第二，线上交流答辩。由工作室核心成员与准备加入工作室老师就目标追求、团队价值观、教育教学技能、教育教学经历等方面问题进行互动交流，进行无记名投票确定是否进入下一环节，同意票数超过参加总人数的 80％视为通过。

第三，实践过程考核。在规定时间内制作符合工作室要求的微课并通过审核，过程安排专人解答与沟通。

第四，技能展示终评。举行由现有工作室全体成员参加的主题分享活动（图 3-3 为主题分享海报），并组织现场互动交流，交互活动结束后举行全体成员参加的无记名投票活动，同意票数超过总人数的 80％视为通过。

图 3-3　新招募成员主题分享活动海报

通过上述四个环节后即为正式成员，由工作室颁发工作室成员证书（如图3-4）及工作室成果口袋书一套，并分配到小组与正式成员一起参加工作室相关活动。

图 3-4　信息技术丁玉海名师工作室第三代成员证书

参加信息技术丁玉海名师工作室的成员通过招募流程，经过一定的考察筛选，合格之后方能进入。正如丁玉海所说，作为一个名师工作室，在发展的过程中，需要成员老师具有最基本的专业能力，教师要具备一定的知识和能力积淀。有一定的能力基础会更快适应名师工作室的发展路径，进一步得到提升。工作室的招募方案因此设置了一定的标准，比如教师要有一定的参赛经历以及相关培训经历，这些经验在一定程度上能够反映其自身的教学水平及教师已有的专业能力与基础。这样当我们在致力于技术与教育融合这样一个更高层面的目标时，才能在原有的基础上再发展。总的来说，我们培养的是名师，而不是培养合格教师。

3.2.2　工作室小组管理制度

为方便工作室成员日常的管理与学习，信息技术丁玉海名师工作室将工作室成员划分成平行小组，通过划分小组，工作室形成了多个小的平行单位，通过一定的选拔制度确定每个小组长，组长负责统计本组学习及工作情况。工作室小组有相应的会议开展制度，通过各类会议的开展，工作室主持人能更快、更有效地了解工作室成员状况，有助于工作室更有效地发展。

1. 小组长选拔制度

信息技术丁玉海名师工作室实行小组管理制离不开组长的选拔与设置，每组设置小组长进行分组管理。在工作室成立初期经历多人退出后，工作室进行了第一批成员招募，形成 15 人的核心成员。在工作室决定实施小组管理制后，成立了 9 个小组，组长便主要由第一批招募成员来担任，引领并监督本小组成员在工作室的学习情况，但这并不意味着工作室的组长只能由核心成员担任。随着工作室的不断发展，辐射范围越来越广，慕名参加工作室招募的教师越来越多，工作室队伍也在渐渐壮大。对新增的小组进行管理，也可选取研修成果突出的成员教师担任新成立的小组组长。截至此次研究统计，信息技术丁玉海名师工作室分组情况如表 3-3 所示。

表 3-3　信息技术丁玉海名师工作室分组情况（2023 年 7 月调整后）

组别	组长	人数
一组	郝　杰	14
二组	李　磊	12
三组	杨　晶	11
四组	陈艳玲	10
五组	杨向勇	13
六组	付鑫鑫	13
七组	葛丽亚	9
八组	刘文霞	11
九组	吴　琳	12
十组	李锦绣	12
十一组	胡　杨	11
总计		128

工作室各小组间是平行的小组单位，都由成果突出、能力出众的成员担任

组长，负责小组成员的日常管理。各小组组长首先会起到对本组组员的管理与督促作用。在日常微课及其他系列课程任务的制作与审核中，丁玉海老师会统计每阶段的制作情况，对于完成情况不佳的成员教师，丁玉海老师会统计发至工作室的组长管理群里，通知所属组长与其沟通。其次，组长会对组员起到引领激励作用，各小组组长一般都是工作室成果较为突出的成员，如原第十组组长吴琳老师，自加入工作室以来积极参与工作室各项集体活动，每项研修任务都出色完成，而且吴琳老师在担任原第十组组长时她在成长系统的积分排名位列第一（成长系统积分详见 3.5 介绍），她所带领的组自成立以来小组成员表现突出，在多次小组积分成长排名中名列第一。

2. 小组会议制度

进行会议统筹安排是一个名师工作室必备的一项工作，信息技术丁玉海名师工作室在小组管理上有两种不同的会议安排。第一，工作室规定，每个小组一个月内至少组织一次小组会议，每次会议都将邀请名师工作室主持人丁玉海老师参加，并在会议结束后填写小组会议表留存备案，对会议主要内容及成果记录回顾，使会议更有目标且更加聚焦，例如表 3-4 为原第九小组 2022 年 7 月份会议记录表。第二，在年中和年末，工作室也会举办一次工作室小组总结会议，会议通常在网络工具腾讯会议平台进行。会议开始前，各小组组长会将本小组成员阶段性的成果与收获汇总整理，在会议上以此进行成果汇报，激励总结，为了以后更好的发展。

表 3-4　第九小组 & 项目组会议记录表

2022 年 7 月 31 日

项目组负责人	李锦绣	项目组人数	17	参会人数	16
会议时间	7 月 31 日	会议时长	1 小时 23 分钟	会议室信息	小组 & 项目组会议
会议目的（请用条目式列举本次会议目的）： 1. 复盘前半年工作，明确自己完成了哪些任务，还有哪些任务没有完成 2. 重新分工，明确每个人的职责，做到人人有事干，事事有人干 3. 小组成员畅谈 8 月份自己的任务目标 4. 丁老师对半年工作的总结，提出建议					

续表

会议主要内容及成果（按照会议流程记录关键内容及最终会议形成的结论及成果）： 第一部分：复盘过去 关键词一：初心（目标）　　关键词二：任务（动力） 关键词三：态度（高度）　　关键词四：行动（成果） 第二部分：工作调整 事事有人做，人人有事做，责任上肩 调整一：建立个人成长档案 调整二：人员分工及职责 第三部分：逐梦前行 每个人畅所欲言，说说自己 8 月份要完成的任务或者小目标。（言简意赅、提高效率、提前准备好，按照数字 ID 顺序进行，每个学段组组长记录好组员发言内容，我记录学段组长的发言内容） 第四部分：总结规划 丁老师作总结发言 会议结论及成果
会议资料留存自查（请对照检查会议资料并随同该记录表在会议结束后一并上交）： □■会议回放视频　□■会议相关资料 □■其他有关资料

小组管理的模式对信息技术丁玉海名师工作室的管理有着重要意义，小组的设立不仅能够分担工作室主持人的管理压力、更方便地统计成员成果，在成员发展上，除了小组内部的互相帮助、共同进步外，每个小组的小团体之间会潜移默化形成一种良性的竞争关系，不断促进工作室的发展与进步。

3.2.3　工作室成员考核制度

成员在工作室期间是研修学习的过程，加入工作室并非一劳永逸，而是要成为工作室的一分子。为此，丁玉海名师工作室设置了相应的考核制度，考核成员是否完成工作室布置与分配的各项工作和学习任务。工作室的考核是促进工作室不断发展的重要“催化剂”。通过考核制度，促进工作室成员自我超越与发展。

1. 参与考核人员

在工作室的考核上，主持人充当着引领者、监督者的角色，在工作室中除主持人外，每位成员均参与考核，关注成员的状态。通过小组管理制度，各小组长会在每周末进行一周考核汇总，将一周内组员各方面考核的结果统计并加分，并将结果交给工作室主持人丁玉海老师，通过汇总情况主持人能了解工作室成员近期在工作室的参与状况与工作状态。

2. 考核规则

在成员管理方面，工作室有严明的日常成员考核制度与规则，如表 3-5 为《工作室考核细则说明》。考核细则包括对成员读书活动、极简技术微课制作、微信群组建与分享、工作室集体活动参与情况统计加分，并制定出淘汰规则。

表 3-5 工作室考核细则说明

考核内容		考核方式	分值	备注
读书	读书打卡	每天	0.5 分	
	每周读书会签到	每次	0.1 分	
	每周读书会参与发言	每次	0.5 分	
极简技术微课制作		规定时间内，不晚于设定的截止时间	1 分	超过设定的周截止时间不计分
微信群组建与互动		微信群不低于 50 人并每周分享不少于 5 次	2 分	低于 5 次每次扣 0.5，直到为 0，不满 50 人每周最多 1 分
工作室会议参加		全程参加和不低于总时长 10 分钟内	0.2 分	
		参加总时长不低于总时长一半	0.1 分	
		参加总时长低于总时长一半	0 分	
其他		根据活动需要设置分值		
淘汰规则		连续两周日常考核积分低于 4 分（包含 4 分） 每轮微课制作最终截止时间前未完成（年内总次数不能超过 2 次） 每月不能保证至少参加 1 次工作室活动 小组会议连续两次（两个月）不能参加 “3 个 1” 任务无法在截止时间之前完成		

对名师的考核主要由工作室负责人及工作室核心组成员领导小组进行，每周和每月都会对名师的各项工作进行量化考核，每周日先由各组组长统计本组成员，如表 3-6 为信息技术丁玉海名师工作室 2023 年 7 月成员积分情况，对优秀成员给予表彰奖励。

表 3-6　工作室 2023 年 7 月成员积分情况（部分）

组别	序号	姓名	日期 6.26—7.2	日期 7.3—7.9	日期 7.10—7.16	日期 7.17—7.23	日期 7.24—7.30	总得分	排名
9	1	吴××	9.7	8.1	7.6	7.6	7.7	40.7	1
4	10	陈××	5.7	7.6	7.6	7.6	7.7	36.2	2
5	3	谷××	6.7	8.6	5.6	5.6	6.7	33.2	3
3	6	孙××	5.7	7.6	5.6	5.6	6.7	31.2	4
11	1	胡××	5.7	6.6	5.6	5.6	7.7	31.2	4
11	5	宋××	7.7	5.6	6.6	5.6	5.7	31.2	4
1	14	罗××	7.6	5.6	5.6	6.6	5.7	31.1	7
11	3	何××	6.7	5.6	5.6	6.1	6.7	30.7	8
6	13	张××	5.7	5.1	6.6	6.6	6.6	30.6	9
2	1	李××	5.7	6.7	5.6	5.6	6.7	30.3	10
9	7	武××	5.7	5.6	6.6	5.6	6.7	30.2	11
3	3	刘××	7.7	5.6	5.6	5.6	5.7	30.2	11
4	3	李××	5.6	7.6	5.6	5.6	5.7	30.1	13
7	1	葛××	6.7	6.1	6.1	5.6	5.5	30.0	14
5	8	杨××	5.0	7.6	6.1	5.6	5.7	30.0	14
1	5	张××	5.7	6.6	6.6	5.1	5.7	29.7	16
6	5	孟××	5.7	7.6	5.1	5.6	5.6	29.6	17
11	10	廉××	5.6	5.6	5.6	7.1	5.7	29.6	17
8	2	李××	5.7	5.7	5.6	6.6	5.7	29.3	19
9	4	张××	5.2	6.1	6.1	6.1	5.7	29.2	20
3	1	杨××	6.7	5.6	5.6	5.6	5.7	29.2	20
9	9	刘××	6.7	6.1	5.6	5.1	5.7	29.2	20

续表

组别	序号	姓名	日期 6.26—7.2	日期 7.3—7.9	日期 7.10—7.16	日期 7.17—7.23	日期 7.24—7.30	总得分	排名
10	6	杜××	6.7	5.6	5.6	5.6	5.7	29.2	20
5	4	邱××	7.2	5.6	5.1	5.6	5.7	29.2	20
1	4	邱×林	5.2	5.6	7.1	5.6	5.6	29.1	25
6	3	王××	5.7	7.1	5.6	5.1	5.6	29.1	25
6	8	刘××	5.7	6.6	5.6	5.6	5.6	29.1	25
9	2	路××	5.7	5.6	5.6	5.6	6.6	29.1	25
5	6	常××	6.5	6.5	5.6	5.5	5	29.1	25
6	9	郭××	6.7	5.6	5.6	5.6	5.6	29.1	25
4	6	苏××	5.6	5.1	5.1	7.6	5.7	29.1	25
10	1	李××	6.7	5.6	5.5	5.6	5.7	29.1	25

考核成员是否参加工作室的集体活动、是否完成指定的工作学习任务等，一定程度上是为关注成员在学习过程中是否“在状态”，从而激励成员不断向前。只有工作室每位成员不断进步，工作室整体才能持续发展。

考核规则在运行发展中逐步完善，现行的考核规则日益精细化、明确化、系统化，考核内容丰富多样，对工作室每位成员具有普适性。工作室的考核规则能保证成员积极参与名师工作室的各项活动、在规定时间内完成相应的工作内容，跟进各种学习和研究活动，起到监督名师工作室的正常运作的作用。在考核的激励下工作室发展稳定，考核效果达到预期目标。

3.2.4 工作室经费管理制度

充足的工作经费让工作室在开展活动时没有后顾之忧，为工作室发展提供物质保障，能够使工作室能够良性运行、有底气举办有特色的活动。经费的科学管理，是保障工作室的正常运作、驱动工作室自我发展的关键要素。

1. 经费来源

工作室经费的来源之一是教育官方部门，教育部门会对工作室发展适当给予支持。作为邯郸市中小学信息技术名师工作室，市教育局会依据政策要求给予建设周期内的名师工作室一定的资金支持，作为教师培训经费，包括工作室主持人及其成员开展送培送教、外出考察、学术交流等各项工作所需的费用支出。①

工作室的经费还来源于工作室自身。负责工作室经费管理的郝杰老师在提到工作室的经费时说到："工作室尽量会为成员提供机会，成员教师通过开展直播、线上或线下培训、做课程、做指导，这些经历不仅能够提升成员自身各方面能力，也会取得一定收益。工作室会与一些平台合作推出课程，由工作室成员策划制作，在相应的平台上线，同时，工作室会为成员提供机会开展线上线下讲座，也会依托教育平台如鸿合、七点半学苑展开主题直播，这些活动的开展都会由相应的平台或机构单位支付参与教师一定的费用，这形成了工作室自身经费来源之一。"

此外，以工作室为名会开展主题训练营（详见章节 3.4.2），每期会以不同的主题开展训练营，其中有公益性质的训练营，也有些对工作室外开展的训练营，会有一定的收费。要参与收费性质的训练营，参与者需要支付相应的课程费用才能进入到课程的学习中，这也会为工作室带来一定收益。

作为优秀的信息技术名师工作室，丁玉海名师工作室会和学校签订成果协议服务，帮学校定制的培训或指导内容，助力其在信息技术应用上实现突破，工作室为其提供讲座或指导内容。此类协议的签订学校会向工作室支付服务费用，这亦是工作室的经费来源之一。

2. 经费管理

在经费的处理与应用上，信息技术丁玉海名师工作室也有相应的要求。教育部门提供的经费会用于指定活动的开展，按照名师工作室管理办法的要求使用经费。在对工作室自身产生的收益中，丁玉海名师工作室也有一定的经费管理方法。

成员经由工作室推荐，与平台合作开展、创建的课程或培训活动获得的收入会按照一定的比例分配。活动获得的收入其中 80％归成员自身所有，收入的

---

① 内容来自《邯郸市中小学名师工作室、名班主任工作室管理办法》。

20%会用作工作室经费。多数成员在工作室中可能会有两个不同的身份，一是以工作室小组为单位的小组成员，二是以项目组为单位的项目组成员。因此，成员获得部分收益也会用于支持成员所在小组及项目组，将所收入的20%中分成四份，其中两份由工作室统一分配使用，一份给到成员教师所在的小组成为小组经费，由组长管理分配，小组经费将用于对优秀成员的奖励，比如报销书费、会员费等，最后一份给到相对应的项目组，由项目组负责人用作项目组发展运行管理。经费的合理分配是工作室持续推动发展的保障。

训练营课程中学习视频由不同的成员制作而成，每一期训练营都有相应的班长以及班委负责训练营的学习与答疑。训练营获得的收益会分为三部分：一部分将奖励训练营课程学习视频的制作者，一部分用来奖励训练营的班长及班委，剩下的部分则留作工作室经费。主持人丁玉海老师在谈到工作室的非公益性的训练营时提到："推动工作室有效发展的一种方式，工作室的可持续发展，不能单靠情怀。我一直认为付出应该与获得应该成比例，不然只付出没有获得，激情只能是暂时的，无法长久。如果没有这样的激励和愿景的引领，我不知道一个团队会走多远以及能走多远。我们要为工作室团队能够持续走下去而去创造条件。"

最后，工作室与学校签订服务所得收益也将用作工作室经费，由工作室统一管理支配。

3.3 名师工作室项目式研修机制

为了更好地引导工作室发展，2022年信息技术丁玉海名师工作室成立了项目组，以项目驱动研修。截止到2023年8月，信息技术丁玉海名师工作室共创建了20个项目组，每个项目组都有一个项目主题，并作出具体的工作方向安排与规划。至此，信息技术丁玉海名师工作室开始了以项目组为基础的项目式研修。

3.3.1 项目组成立初衷

项目组是工作室经过多年发展运行逐渐成熟后，对工作室发展有更高要求而创设出的独特产物。信息技术丁玉海名师工作室项目组是为多方面促进工作室的建设与发展，完成各种任务而设立的小组单位。每个项目组都有相应的项目主题和整体任务，每一个参加项目组的成员都拥有自己的项目任务，以项目任务为基础所有的成员都能有机会参与其中，从而让成员进行分工合作将项目任务完成。这种项目研修方式在信息技术丁玉海名师工作室这种包含人数较多的团队组织中，对保证成员研修效果及工作室的建设发展有着重要作用。

工作室成立研修项目组并非是一开始就有的决定，而是基于工作室的发展状况统筹考虑，为更好地促进工作的发展与建设而作出的规划与决策。总的来说，工作室成立项目组主要有三方面的原因：

第一，满足工作室成员差异化发展需求。信息技术丁玉海名师工作室招募的成员不仅在地域上遍布全国，在成员教师们所任教的学科和学段上也是多种多样，这就造就了工作室成员不同的能力和专业基础、不同的兴趣。项目组的设置能很好地考虑到不同成员的兴趣与特长，让每位成员找到自己的定位。

丁玉海：工作室的成员在学科和学段上都有一定差异，学科和学段的差异说明老师们先前的基点是各不相同的。如果我们就用一种方式来做框定，可能有些人会产生不适应。在整个的发展目标上，老师们的起点不一样、基础不一样，这个时候走的路径，也应该是有所差异，我们必须要考虑尽可能满足每一个人的需求和特点。

第二，项目驱动成果输出。项目组的方式能够提供多元化的项目任务，成员通过参加项目组，完成项目式的任务驱动成果输出。在这个过程中，通过不同项目组的工作内容和活动，工作室成员有了新的目标和动力，在项目式的任务下实现自我提升。

丁玉海：我们其实是想要通过项目组的方式，实现工作室以成果导向、以输出导向的目的的，而不是只是输入导向。输入导向典型的就只是学习，而输出就会关注了最后你能做出来什么，我觉得这样的导向是更有价值和意义的！所以这也恰恰是培养名师中的一个必然的路径。通过输出的方式来导向成长，这可能也是在这个过程中，项目组追求的一个目标。

第三，工作室管理和发展的需要。项目组实质上也是小组管理的一种模式，它与小组并行并互为补充。小组管理重心在于为成员培养归属感，让每个人都被关注到；项目组则是以兴趣爱好和目标愿景结组。通过项目组的设置在一定程度上也加强了工作室的目标管理。另一方面项目组是依据工作室的发展规划来进行策划，项目组本身的运行就可以实现工作室更多元的发展。

丁玉海：只像先前的那个单纯小组模式在运行上不能适应变化，时间长了甚至出现的小组比较懈怠的现象，缺乏了一定的往前走的动力和内驱力。通过项目组的方式来倒逼项目组长带领成员往前走。

3.3.2 项目组组建方法

针对发展规划，丁玉海老师带领成员初步拟出项目组应该设置的大致方向，初步构想出 12 个主题，即工作室最初 12 个项目小组的雏形。根据主题的大致构想，工作室里有意向的成员由此申请成为项目负责人，对具体项目进行详细策划，针对该项目规划出工作室在本年度的目标、任务及要求。项目组的创设，使工作室的研修内容从单一到多元，逐步丰富起来。

项目组经过前期的策划，大致确定了各项目组负责人以及项目组的研修内容。为进一步把握项目组的确立及工作方向，工作室进行了项目答辩工作，并邀请高校教育专家参与答辩，为工作室项目组的方向及内容的设置提供意见参考，为项目组的成立添砖加瓦。在征求了相关人员意见后公布了项目，信息技术丁玉海名师工作室首次创建了 12 个主题项目小组。2022 年 7 月份信息技术丁玉海名师工作室组建了第 13 个项目组，该项目组主要方向是将其他项目组成果打磨形成训练营，让成果实现得更有价值，可应用推广，使训练营成为一种有效的、可运营的模式，并确定该项目组负责人为张坤老师，截至研究统计工作室项目组共有 20 个，基本信息如表 3-7 所示。

丁玉海：在团队共同努力下我们有能力做得更多，未来走得更远，同时专家的专业点评也为工作室在未来发展道路上指明了方向，全面开启工作新样态。

表 3-7　信息技术丁玉海名师工作室项目组基本信息

序号	负责人	项目组名称	项目内容
1	葛丽亚	团队文化项目组	工作室创意活动策划及宣传载体与标识的设计与制作等
2	李现芳	课题研究项目组	汇总课题相关政策文件与通知，对工作室成员的课题研究指导等
3	杨向勇	新媒体新技术项目组	对新媒体新工具教学应用相关内容、前沿技术与教学应用的关注、探索及推介分享
4	徐美玲	STEM 编程创客项目组	STEM 教学探索、开展编程教育线上线下直播活动、课程制作及专题讲座
5	付鑫鑫	自媒体项目组	工作室媒体载体及工作室辐射微信群的运营管理
6	郝　杰	教学经验成果输出项目组	负责工作室内外部直播讲座的设计组织、论文写作指导等提升成员专业能力与促进成果输出
7	罗桂丽	互联网资源收集项目组	搜集与整理教育相关的资源，包括政策标准、工具软件、资源案例，制作能力课程讲座等
8	陈艳玲	数字化素养项目组	教师数字素养的培养、提升与发展
9	郭潇阳	读书会项目组	工作室成员读书活动整体的策划与安排
10	郭潇潇	项目式教学项目组	搜集整理国内外项目化教学相关资料案例，组织开展工作室内外各种项目教学相关培训、指导活动等
11	吴　琳	工作室成果输出组	信息技术学科项目教学资源包、名师工作室各项资料的转发、整理与收集
12	张　坤	教学训练营项目组	将其他项目组成果打磨形成训练营，策划组织训练营的开展
13	郭　涛	教育写作项目组	教育叙事及教育相关论文写作
14	葛丽亚	精品课制作项目组	以基础教育精品课（视频）为预期标准，以“说讲课（说播课）”为呈现模式
15	刘文霞	英语项目式学习项目组	探索英语项目式教学设计与实施方法、策略
16	杨　晶	数学大概念教学项目组	探索不同学段数学大概念教学设计与实施方法、策略
17	温玉霞	教学评一体化教学项目组	探索数学教学评一体化实施的教学设计与实施方法、策略
18	宋　彦	新微课制作项目组	探索交互式微课设计方法，与微课应用场景
19	夏兴佳	学科优课创新制作组	探究各种创新优课制作方法
20	李锦绣	畅学畅玩实验	探索理化生创新实验教学，关注科学素养

3.3.3 项目组成员招募

研修项目组的成员招募是指在项目组确立之后，在工作室已有成员中公开招募，有意愿加入的成员可选择加入。项目组在策划与设立之初，不仅将本项目组在该年度的目标、任务及要求作出详细规划，同时也预设了项目组的成员人数需求及任务分工等统筹安排。项目组在经过项目答辩工作，工作室主持人及专家对项目组的方向规划无异议之后，每个项目负责人就本项目组工作方向进行宣讲工作，在工作室内启动项目参与人员招募。

项目需招募人员角色设置及数量：

方案规划类：

3人，涵盖市、城区和农村学校。

案例类：

（1）微能力点3人，涉及小学、初中和其他学段（高中/幼儿）；

（2）学校校本研修案例4人，涉及幼儿、小学、初中和高中；

（3）教研组校本研修案例4人，涉及语文、数学、英语和其他学科；

（4）整校推进案例4人，涉及幼儿、小学、初中和高中。

能力提升工程2.0学习提升相关能力的课程制作及专题讲座：

5人：主题包括政策解读、微能力点解读、混合式校本研修开展、校本研修考核、信息技术与学科融合课例设计。

能力提升工程2.0团队领导力和指导力的培养计划和提升策略：

5人：制定区域和学校能力提升工程团队的领导力和指导力培养和考核办法。提升他们的五力：政策理解力、规划设计力、组织实施力、考核评价力、技术应用力。

——摘自《能力提升工程2.0相关项目策划书》

丁玉海名师工作室的研修项目组的设置不是强硬地将成员划分至不同的组中，而是本着自愿的原则，由工作室成员自行选择加入项目组。根据工作规划与发展方向，成员依据自己兴趣加入相应的项目小组。在不同的研修项目组中，成员就有了自己的定位与目标，工作室成员同在一个工作室，但具体每个成员的任务及工作都不尽相同，这样能够实现成员个性化的发展，为每个人的发展助力和赋能。

3.3.4　项目组运行机制

信息技术丁玉海名师工作室项目式研修机制以工作室各项目为基础开展，项目组的运行是工作发展与运行的基础。项目组基于一定的载体有其独特的运行机制，并对项目组的管理有明确的要求，以下将对这些情况进行介绍。

1. 项目组研修载体

丁玉海名师工作室利用网络平台建立了名为“信息技术丁玉海名师工作室”的微信交流群，主要发布实时的工作室活动的组织开展、主题研讨等，还包括一些解决成员们日常教育教学中遇到的各类现实问题。

因为工作室成员来自全国各地，所以信息技术丁玉海名师工作室多采用在线研修，这种方式能够突破工作室成员多地域空间与时间的局限，拓展教师的专业学习渠道、提升自身的能力。

2. 项目组运行策略

（1）项目任务驱动

在项目组成立之初，工作室主持人丁玉海老师及项目组组长就本项目组的发展方向及主要工作内容深入探讨，确定了项目组的工作安排及主要任务。每个项目组包含 1 名项目组长和数名成员，按照项目组不同的工作内容和安排，项目组负责人会对项目成员分工。在项目组中，各位项目组成员都有自己的任务，项目组成员承担不同工作任务，成员需要在完成任务的过程中不断探索、研究、分析并解决问题，通过赋予成员“重任”，“逼迫”其不断成长，在此过程中同时能够培养成员的创新能力和自我学习能力，组长要担起主动、引领、示范的作用。

（2）成果输出要求

项目组的设置不仅仅是为了为成员安排任务，在完成项目任务的同时也要有相应的成果输出，以成果的形式反映成员的研修效果。工作室规定项目组成员在一定的时间节点成员要有对应的成果输出，若三个月没成果就退出。在输出任务成果的过程中不仅是成员自我提升的过程，项目组的各类成果产出同时也是整个工作室的丰富的学习资源，这些资源不仅可供工作室的成员学习使用，而且会作为整个工作室的研修成果发布服务工作室外的师生，因此也要保证输出成果的质量和价值。正如丁玉海所说："项目要有成果的概念，不仅仅是在完成一项工作或任务，有价值的成果应该是我们建立的理念。"

（3）工作会议开展

进行会议统筹安排是一个工作室项目组必备的工作，信息技术丁玉海名师工作室每月、每季度都会开展项目组工作汇报总结会议，项目组负责人总结本月该项目组的工作成果。年中开展工作总结汇报，实施调整、确认方向。会议对工作室成员全员开放，除本工作室主持人以及项目组的成员需要参加外，工作室其他成员也均可选择参加。工作室成员分布各地，因此各类总结会议在线上进行，一般采用线上交流工具平台腾讯会议开展，把每次会议进行录制，并撰写会议记录存档。此外，丁玉海老师也要求每个项目组每个月召开组内会议——"闭门会"，与小组成员建立有效的交流通道，掌握每个人的状态，梳理前行方向。所谓"闭门会"就是小组内关起门来进行会议，反思自己、不断清晰自己发展方向，总结成果，反思不足，以求得更好的发展。

3. 项目组管理制度

作为工作室团队下的研修单位，项目组是项目执行的基本组织，其运行、管理及发展的优劣影响着工作室的建设与运行，这种特点决定了项目组的管理至关重要。为使项目发挥更好的效果，信息技术丁玉海名师工作室针对项目小组作出了安排及要求，规范工作室项目组的管理与运行。

在管理要求中，对项目组的多方面作出了规定说明。项目式的研修以项目组为单位基于项目开展运行，能稳定、持续地保持项目成果输出，首要的就是要做好规划，项目组要至少完成一个季度的预期成果安排，有计划并积极执行，这是信息技术丁玉海名师工作室始终保持高效成果产出的重要手段。在项目组成员参与方面，虽然要求工作室成员可自行选择加入项目组，但加入工作室的每位成员几乎都身兼数职，在工作室外都有自己的工作任务及内容，故为保证参与效果，每位成员至多可加入两个项目组，保证项目组成员有足够的时间精力完成项目任务。为充分激励工作室成员的积极主动性，有价值、有质量的项目成果的产出将在成员的成长系统累计相应的积分，助力成员的进步与发展。同时项目策划采用优选机制，工作室会定期对项目成果作质量评估，只有合格的、有产出的项目才会继续实行，取消低效的、低价值的项目。

1. 项目策划书提交时至少完成一个季度预期成果策划，以后每个季度最后一个月提交下一季度预期成果安排，以后逐次类推；

2. 为保证参与者参与效果，每个成员最多可申请参与到2个项目中；

3. 所有项目成果经价值及质量认定后视其工作量大小分别在成长系统中每次加0.5分、0.2分、0.1分；

4. 为充分发挥工作室成员创造性和主动性，工作室所有成员均可申请成为项目负责人，撰写项目策划书，经评估认定后在工作室发起招募，所有项目策划方案申请一旦通过将获得工作室发展平台与奖励制度等专项扶持；

5. 项目策划采用优选机制，每个月都会对项目成果作质量评估，如果连续两个月成果质量评估都在85分以下，将会取消该项目。

——摘自信息技术丁玉海名师工作室项目策划书

3.4　名师工作室成果资源建设

信息技术丁玉海名师工作室以项目组为依托，开展了丰富多样的研修活动，并以此为基础设置工作室的学习安排与任务规划。当工作室成员在完成学习安排与任务计划时会有相应的成果输出，形成了工作室的资源库，不仅工作室的成员教师可以相互学习，同时也成为了工作室持续输出可推广的、供大家学习的成果资源。各类成果资源主要面向的对象是一线教师，为提升教师专业能力及信息化能力，主要包括极简技术微课制作、训练营及其他教育教学类相关资源。

3.4.1 极简技术微课制作

自信息技术丁玉海名师工作室确定以探索信息技术与教育教学融合创新为发展目标以来，致力于极简技术的应用研究，工作室就开始采用微课的形式传播和推广极简技术，让教师掌握“学得会、用得上、能减负”的极简技术，助力教师提升信息化能力。信息技术丁玉海名师工作室极简技术微课有三种不同的分类，每种微课有不同的目的与功能，在制作微课时有严格的既定的制作流程与制作规范保证微课持续产出和质量达标，并在微课制作完成后在相应的媒体平台进行发布。

1. 微课视频分类

信息技术丁玉海名师工作室开发的微课视频主要有以下三种：

（1）极简技术日常微课

极简技术日常微课的制作是信息技术丁玉海名师工作室的一个特色常规任务，也是工作室成员的必备技能，制作完成6个极简技术微课是招募成员加入工作室的要求之一，加入工作室后的必要工作就是完成日常微课的制作。极简技术日常微课遵循问题解决的逻辑，致力于用小于5分钟的视频微课提出一个基于真实问题场景的技术解决方案，虽然极简技术日常微课涉及内容涵盖广泛的技术工具，但是微课仅聚焦于具体问题解决，在微课视频中只清晰、明确地呈现技术解决方案，对于一些纷繁复杂的技术工具的使用并不会全面深入地讲解。

丁玉海：极简技术微课就是基于问题场景的技术解决方案，是让每个人都能做的。我们其实就把问题设成我们微课中的一个场景，再加上技术的示范。那么这个所有的人看完之后就知道我们这样的技术是在我们教学中怎么样去进行应用的。

（2）主题化微课课程

主题化课程相较于日常微课，更加注重对实际教学的帮助，微课的内容聚焦于学科工具的主题技术工具，通过一系列针对某一主题的微课内容展开介绍与学习的课程。主题化课程的加工过程是将工作室“碎片化极简技术微课”组合建构，使其更好地服务于教育教学，一个主题化课程下的微课数量大都在

6—10 个之间，可以从已有的日常微课中选择参考，也可以根据课程主题需要制作新的微课补充，如表 3-8 为工作室成员张坤老师制作的主题为《学会用 Excel 处理学生成绩》主题化课程信息。为保障每个主题化课程一致性和统一性，每个主题化课程整理最多 3 人参与；所有主题化课程均需使用统一模板重新录制。通过主题化课程，学习者可以较为系统地学习某一学科工具的使用方法或解决某一类技术问题。

表 3-8 《学会用 Excel 处理学生成绩》主题化课程信息

制作人	微课标题	时长
张坤	1—计算学生成绩及排名	5 分 14 秒
	2—筛选某班学生成绩	3 分 09 秒
	3—计算学科优秀及格率	6 分 25 秒
	4—计算学科平均分	1 分 58 秒
	5—冻结首行和打印标题行	3 分 15 秒
	6—标记符合条件学生成绩	3 分 49 秒
	7—用 VLOOKUP 函数合并多次成绩	5 分 55 秒
	8—用迷你折线图显示成绩趋势	3 分 34 秒

（3）抖音短视频微课

抖音短视频的制作是针对抖音平台设计的极简技术微课，将教育与技术的融合创作出接地气、生活化的相关内容，让人们能够在碎片化的时间中摄取极简技术的养分，从而将极简技术的精髓渗透到人们的日常生活工作中去。满足抖音平台竖屏的制作要求，同时考虑到短视频的特点，相较于极简技术日常微课和主题微课，抖音短视频则更简短。在丁玉海名师工作室抖音账号中共设置 7 个合集包括 5 个信息技术练习题库、办公小技巧、电脑知识。合集内容丰富多样，抖音视频短小精悍、实用性强，通过这种方式，不仅能服务广大教师，亦能让每个用户学到方便工作和学习的实用技术。

2. 制作流程

信息技术丁玉海名师工作室的极简技术微课的制作已有一套成熟的制作流

程，在每个环节有对应的成员审核把关。首先要作出月计划安排及周计划安排，如表 3-9，工作室成员刘桂玲老师做好计划安排表后发至工作室的微信群聊中，工作室成员根据安排表确定选题并制作微课。微课制作完成后要经过两轮的审核，一审是各小组组长，一审后再由负责微课制作的项目组成员进行二审，并将审核结果（如表 3-10）发布至工作室的工作群中。微课制作成员依据审核结果及意见对微课作出修改，通过审核后即可交由主持人丁玉海老师统计。如有成员没有按时完成微课制作任务，也将由刘桂玲老师通报逾期人员名单。

极简技术日常微课制作流程：刘桂玲老师发布微课制作计划—成员根据计划安排制作微课—小组组长一审—项目组二审—通报不合格—大群公布—成员收到信息后修改—小组组长审核—二审审核—通报合格—微课交由丁玉海老师统计—逾期的名单给刘桂玲老师—刘桂玲老师通报逾期人员。

表 3-9　极简技术微课周计划安排表

制作时间	截止提交时间	小组及姓名	小组及姓名	小组及姓名	小组及姓名	小组及姓名
08.01	08.05 下午 18：00	1—郝杰完成（1）个	2—李磊完成（0）个	3—杨晶完成（0）个	4—陈艳玲完成（7）个	5—杨向勇完成（0）个
08.02		7—葛丽亚完成（0）个	8—刘文霞完成（0）个	9—吴琳完成（11）个	10—李锦绣完成（1）个	11—胡杨完成（1）个
08.03		1—齐奇完成（0）个	2—贾进珠完成（0）个	3—蒋海东完成（0）个	4—梁博完成（0）个	5—范彩霞完成（0）个
08.04		7—刘玉丽完成（1）个	8—李现芳完成（1）个	9—路文红完成（1）个	10—宋彦完成（1）个	11—张兢完成（0）个
08.05		1—桂建旺完成（0）个	2—索小风完成（1）个	3—刘桂玲完成（0）个	4—苏亮完成（1）个	5—谷伟完成（3）个
08.05		7—刘海艳完成（0）个	8—陈洁完成（4）个	9—董艳芳完成（0）个	10—廖静怡完成（1）个	11—何婷婷完成（0）个

表 3-10　极简技术微课审核表

类别	组别	提交日期	题目	是否通过	提交次数	审核人
常规微课	5 组	7 月 31 日	C—WPS 文字 AI 助力应用文写作—5 组—0401—杨向勇	通过	1	吴丽波
常规微课	5 组	7 月 31 日	C—WPS 表格 AI 助力学情分析—5 组—0401—杨向勇	通过	1	吴丽波
常规微课	5 组	7 月 31 日	C—用 QQ 浏览器下载熊猫办公视频—5 组—0502—范彩霞	通过	1	吴丽波
常规微课	4 组	7 月 31 日	C—WPS 表格中多个工作表如何求和—4 组—0403—苏亮	通过	1	冯润萍
常规微课	4 组	7 月 31 日	C—音频的提取与转换工具—4 组—0402—梁博	通过	1	冯润萍
主题微课	4 组	7 月 31 日	图形化编程主题微课—0412 史××	1. 压缩包里文件命名不规范，大文件夹压缩包少了组别和名字前少了“—”；每节微课文件夹命名：序号—标题，视频、课件命名：序号—标题 2. 每个文件夹里需要有自查表 3. 汇总表缺少了制作人栏目；微课标题：序号—标题	1	冯润萍

续表

类别	组别	提交日期	题目	是否通过	提交次数	审核人
抖音微课	11 组	7 月 31 日	D—超级好用的备忘录——微信笔记—11 组—1102—何婷婷	通过	1	冯润萍
常规微课	11 组	7 月 31 日	C—通义万相 AI 生成连续图片—11 组—1104—宋萍	通过	2	冯润萍
抖音微课	8 组	7 月 31 日	D—快速查找语文微课—8 组—0601—刘文霞	通过	1	吴丽波
抖音微课	5 组	8 月 1 日	D—小程序丰富儿童暑假生活—5 组—0513—张志刚	通过	1	吴丽波

备注：微课题目前面的 C 和 D 是“常规微课”和“抖音微课”的缩写，这样区分是为了便于审核和发布。

3. 微课制作规范

极简技术微课是信息技术丁玉海名师工作室的重要输出工作内容，为保证微课产出的质量，既要在内容上有深度、又要在形式上有标准，工作室设置了微课制作规范来规范成员教师在微课制作上的要求。工作室微课制作规范并非一成不变，随着极简技术微课制作技术的不断完善、流程逐渐地成熟，微课制作规范也在迭代升级，截至本文统计，工作室的微课制作规范已经更新到 11.0 版本（附录六）。微课制作规范从微课选题、内容构成、内容表达、素材选取、后期剪辑、技术规范及其他要求共 7 个方面对微课制作提出了明确要求。

4. 发布途径

在前文第三章已介绍到丁玉海名师工作室有着不同的运载平台，极简技术微课则通过这些网络载体进行发布传播，充分利用各种新媒体平台将不同的微课在不同的平台进行发布呈现。

作为重要的网络媒体之一，日常微课会选择实用性较强的微课每日在丁玉海名师工作室的官方公众号推送发布，作为每日推送的内容。主题化微课会在工作室今日头条账号编辑发布、抖音短视频微课则在抖音平台发布推送，其余部分优质微课也会在希沃学苑平台中丁玉海名师工作室的学习专栏更新。不管是哪种类型的微课，在其他平台更新的同时也会将微课成果上传至工作室 UMU 学习平台资源库中，工作室成员及 UMU 用户均可在资源库查找学习。除了在网络载体平台发布外，工作室将以往制作的日常微课经过加工编辑，还编制了工作室极简教学技术口袋书，以二维码的形式将微课汇编至口袋书中。用户通过移动设备扫描二维码即可跳转至对应学习视频的页面中。

此外，工作室微课发布及各种新媒体网络平台的运营与管理本身也是一种工作项目，这些项目工作内容由工作室自媒体推广与辐射项目组成员负责。工作室自媒体推广与辐射项目组主要工作内容之一即工作室媒体平台的内容更新。

3.4.2 训练营课程开发

训练营是信息技术丁玉海名师工作室开展的在线特色课程，每期训练营以工作室训练营项目组为核心展开。作为工作室团队学习的一种重要形式，训练营的开展对工作室成员及参与训练营的每位教师信息素养的拓展与提升起到很好的载体作用。

1. 训练营项目组成立缘起

训练营为进行某一主题技能训练的专业培训活动，主要由工作室训练营项目组组织开展，每次开展都会基于不同的主题，在固定的时间段组织参与训练营的成员开展学习。而训练营项目组是工作室众多项目组的“新成员”，是在工作室逐步发展的过程形成的，最初是以其他的项目任务为依托，为工作室成员完成实际任务、在短期内快速提升某项能力而举办开展的集中训练。

张坤：最开始，训练营的主题是信息技术应用能力提升工程 2.0 项目，有认证作业，要求录制带有教师个人形象的视频作业。但是老师们不会制作带有个人形象的视频作业，所以我最先组建了《30 个微能力点作业指导》课程、《喀秋莎——视频录制与剪辑》课程，帮助工作室老师们制作符合要求的作业。

经过多次尝试，训练营项目成为了工作室的一种全新的组织模式。之后工作室主持人丁玉海老师与工作室成员商讨决定将训练营单独作为一个新的项目组，在已有 12 个项目组的基础上设立训练营项目组为第 13 个项目组，该项目组主要方向是将其他项目组成果打磨形成训练营，让成果实现有价值、可应用。同样经过项目组的招募，有意愿的工作室成员选择加入。

2. 训练营主题确定

训练营开展的初衷就是满足教师对技术的学习需求，训练营首先会依据学科教学需要选择主题。

张坤：《万彩动画如此简单》训练营，主要是老师们有参加微课大赛的需求，万彩是制作 MG 动画的一个优秀软件，所以组建了训练营，第一期报名就比较火爆，第二期 8 月份准备开营。下一步的主题可能要根据学科教学工具来确定，比如适合英语老师教学使用的软件工具，适合数学老师使用的 GGB 软件等。

其次，训练营的训练主题依据工作室其他项目组的成果及项目方向进行打磨并选择训练主题，如工作室自媒体推广与辐射项目组组建的《公众号编辑与优化》专题训练营，图 3-5 为训练营宣传视频内容，以项目组的工作方向之一作为训练营的主题，帮助需要运营公众号的教师短期提升该技能。

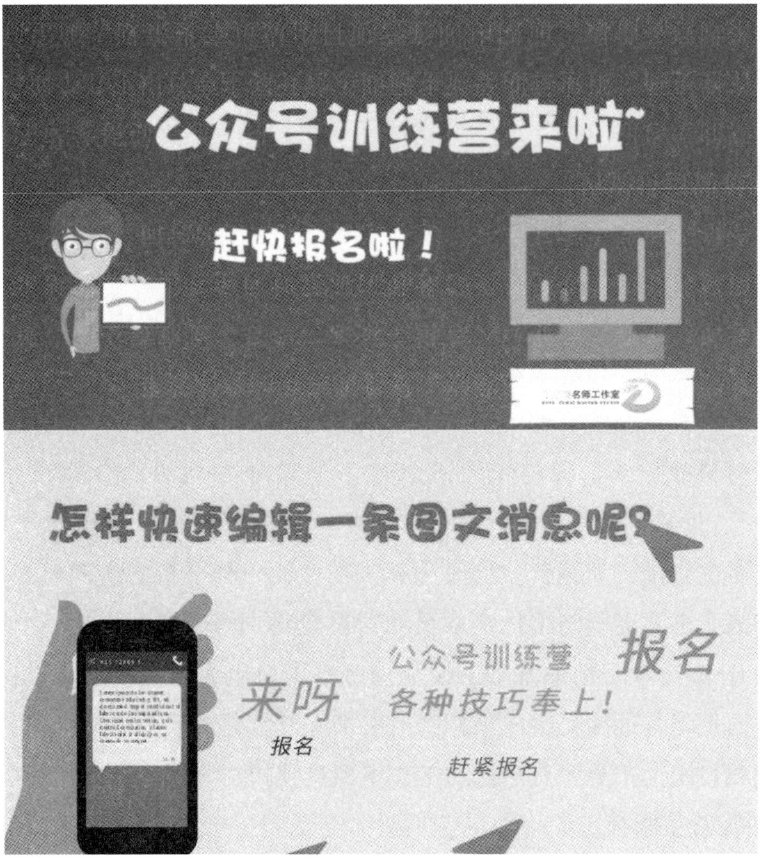

图 3-5 《公众号编辑与优化》专题训练营宣传视频截取

除了工作室内部决定训练主题外，信息技术丁玉海名师工作室也会与其他团队合作开展训练营。一方面工作室会和教育机构平台合作，如与极简的录屏剪辑分享工具——芦笋 APP 合作开展多期训练营，与希沃学苑教师发展的在线教育平台合作，推出主题为“解锁课件制作技巧”的暑期训练营。此外，信息技术丁玉海名师工作室和浙江省慧教育吴铮名师工作室联合组织开展《技术支持的高效班级管理技巧》训练营，技术助力教师班级管理，让班级管理信息化、高效化。

总而言之，正如训练营的负责人张坤老师所说：“训练营主题的确定就是根据广大教师的信息技术需求，老师们需要学习什么，我们就组建什么训练营。”

3. 训练营开营类别

训练营的每一期举办能够把一群具有共同兴趣爱好、共同目标追求的教师聚集在一起，以营员为主体，训练营教师对在学习过程中的疑问进行解答以及适时进行具体指导，能有效满足参与营员教师的某项技能培养的需求。训练营通过设计体系的课程，对参训成员针对性地进行强化训练，达到提升参训营员教师专项能力的目标，进而提升教师信息素养、教育教育能力等方面。训练营有两种类型，分别是针对工作室内部成员和工作室外开展的。对内开展的训练营中工作室成员既是学习者，同时也是训练营课程的共创者。

张坤老师：对内指的是训练营课程初步组建完毕后，先由工作室内部成员学习。一是成员的福利，二是检测一下课程是否有问题，比如课程的方法失效了，某节课程制作质量较差，测验小节设置的答案不对等。为对外开展训练营做准备。对外是指课程完善优化后，发布宣传海报，组建微信群，让有这方面技术需求的非工作室的老师进群学习，提升教师信息技术素养。

对外开展的训练营是面向大众，按期开展，对完成训练营任务的营员颁发结营证书。选出每期优秀营员，为优秀营员奖励工作室编制的口袋书，更专业，更有仪式感。用富有创意的形式调动训练营营员的自主性，使其参与感与获得感同时提升。同时，在丁玉海名师工作室内招募班委会，不是只有加入训练营项目组才可以带训练营，训练营项目组主要负责组建、设置、完善训练营，做好前期准备工作后，所有成员都可以申请参与管理组建训练营，让成果惠及更多的老师。例如，在《万彩动画如此简单》发布招募通知时指出招募的班委会主要需要完成以下工作：举办开营仪式、微信学习群内发布每日学习公告、对参与营员答疑解惑、结营证书发放、复盘训练营的整体效果。

张坤老师：建群，成员加入后指导报名、学习，发布群公告，解答参训成员提出的问题，督促学习进度慢的老师们抓紧时间学习。训练营结束后要统计数据，给合格老师发放学习证书。这个过程大概三周的时间。

4. 训练营运行流程

训练营的学习形式为在线学习，采用线上开展的形式使得参与的覆盖面更广、可操作性更强。组建每期全新主题训练营开展主要有以下几个阶段。

课程策划筹备阶段。前期由训练营项目组成员牵头策划，确定好主题后，训练营项目组成员则会在丁玉海名师工作室内发起训练营招募，由参加训练营的成员参与课程设计工作，在规定时间内完成课程的制作。

内部训练营试运营阶段。完成课程制作等准备工作后，训练营课程会以内部训练营的形式在丁玉海名师工作室内部展开，作为工作室成员的福利，同时这也是检测课程质量与有效性的阶段。将在内部训练营试运营阶段发现的问题优化改善，为对外开展训练营做准备。

宣传阶段。确认课程无误后即进入训练营前期宣传阶段。每期训练营的前期宣传都离不开相应的宣传海报，宣传海报的制作则由工作室另一个项目组“团队文化构建及对外宣传”项目组设计制作，如图 3-6 为一期训练营宣传海报。

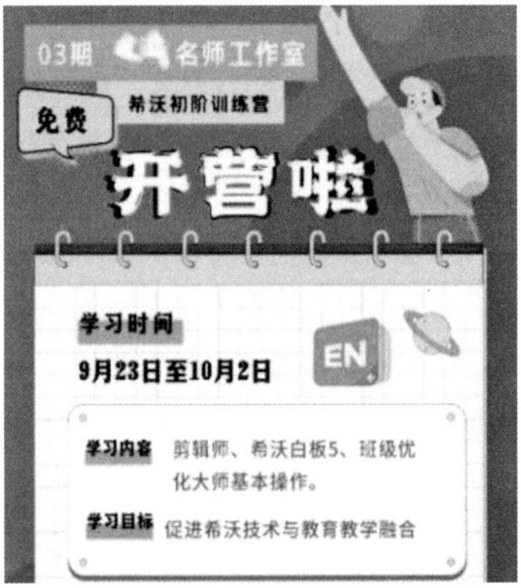

图 3-6 训练营宣传海报

正式开营阶段。内部训练营结束后，可根据反馈情况对课程进行完善与优化并选择开展对外开放的训练营。组建学习微信群，通过微信群管理参与报名的营员。营员购买学习后，逐天开展学习课程，如图 3-7，参与训练营的教师营员在学习期间可以在每日课程开放后自主参与学习，对于及时完成课程学习与作业的营员，训练营项目组会为其颁发结营证书。每期训练营开展的时间在一周左右，这期间由班委在微信群内发放每日学习链接，提示营员参与学习，同时在群内互动答疑，高效完成学习任务。

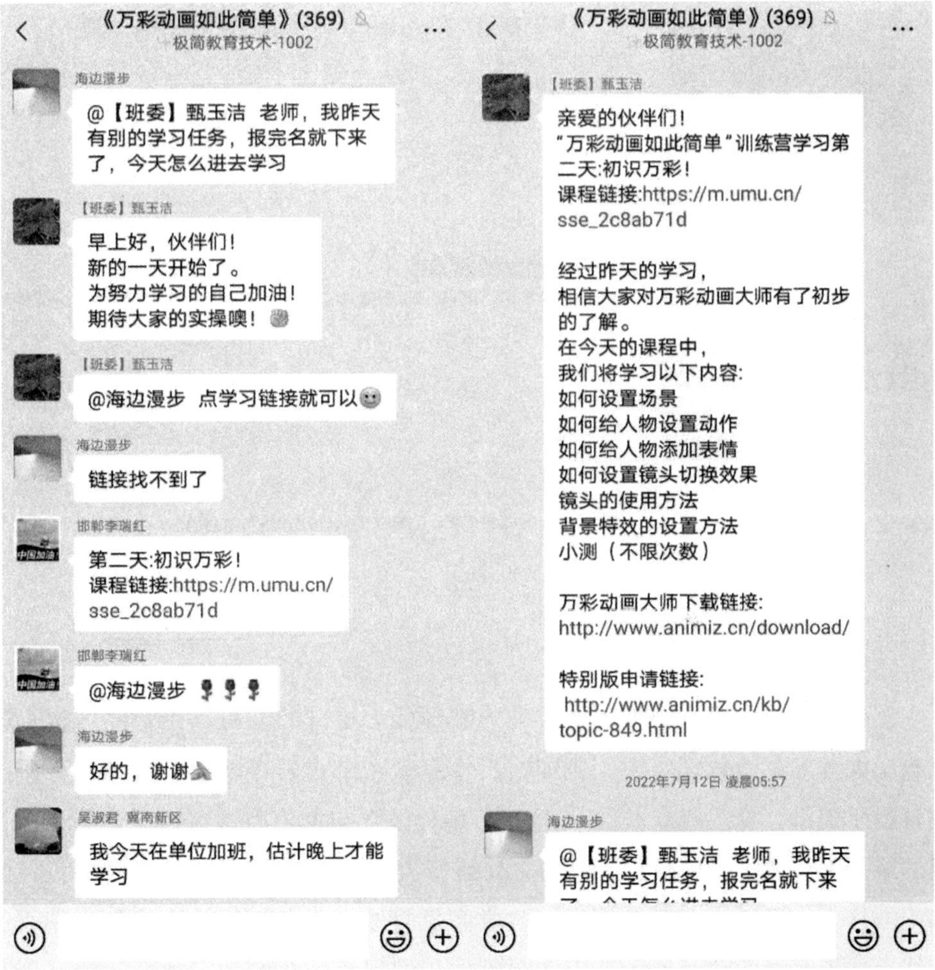

图 3-7　微信群组管理训练营展开学习

工作室训练营的课程内容一方面在正式开营后以 UMU 为媒介发布并将 UMU 作为学习平台，参与营员根据工作人员提供的链接即可进入 UMU 相应的学习页面进行学习；另一方面，一些优质训练营课程内容会通过与工作室合作的学习网络平台线上发布，如微课制作教程《Camtasia 2019 录屏微课制作快速入门》训练课程以及备受欢迎已成功开展多期的《万彩动画如此简单》训练课程，现已在七点半学苑网络学习平台上线，如图 3-8。

图 3-8　丁玉海名师工作室在七点半学苑上线的训练课程

3.4.3 其他资源设计制作

工作室成员在研修中不仅会有助力教师能力提升的课程输出，同样也会开发教学课程等其他教学资源。例如，工作室紧密结合教育教学实际需要，跟随教育教学前沿，专门成立 STEM 教育、编程教育与创客教育项目组，在该项目组的策划书中规定了项目组成员的主要研修内容：探索 STEM 课堂教学设计与实施方法、STEM 课堂教学探索与教学案例打磨、面向教师及面向学生编程教育线上线下直播活动开展、基于开源硬件与编程相结合的创客教育活动开展与实施、与该方向相关能够帮助更多人学习提升相关能力的课程制作及专题讲座、相关赛事以及能够参加一些博览会等。

在工作室成员研修过程中，除了课程教育类的资源外，也对各类教育资源整理与汇总。如工作室设置的互联网资源搜集与整理项目组在 2022 年度项目计划书中，从政策标准、工具软件、资源案例及课程讲座四个方面归纳了该组在研修中要完成的资源汇总分类及内容，如表 3-11。

表 3-11　互联网资源搜集与整理项目组主要汇总教学资源分类及内容

资源分类	教学资源内容
政策标准	1. 国家教育教学重大政策文件及教育信息化相关政策文件的搜集、整理、加工与发布
	2. 与教育技术相关的标准、细则搜集、整理与共享
工具软件	1. 分学科、分学段、分主题技术工具的搜集、整理、加工与发布
	2. 软件工具的下载、整理与工作室内部共享
资源案例	1. 各种教育教学相关音视频资料下载整理、共享
	2. 各种工作室相关活动中所需资料的下载整理与共享
	3. 国外教育技术应用案例搜集、整理与发布
	4. 其他与教育教学相关资源的整理
课程讲座	1. 制作与该方向有关且能够帮助更多人学习提升相关能力的主题课程
	2. 组织与该方向有关且能够帮助更多人学习提升相关能力的专题讲座

3.5　名师工作室名师成长路径

本研究通过对信息技术丁玉海名师工作室的观察及对工作室相关资料的整理分析，并通过对工作室主持人丁玉海老师及个别成员的访谈等了解到，在工作室成员的名师成长之路上，名师工作室不仅设置了丰富多样的名师成长途径，而且有着相应的方式来记录成员教师成长为名师的过程，有其独特的名师成长路径。

3.5.1　工作室成员成长途径

名师工作室是培养优秀骨干教师的摇篮，为名师工作室成员搭建成长的平台，在名师工作室研修期间，工作室设置了多种途径促进成员成长，通过多样的成员培养途径，促进成员成长。

1. 读书学习：提升教育教学专业理念

信息技术丁玉海名师工作室的读书采用“每月共读一本书”与“三年百本书”读书活动相结合的方式进行。

“每月共读一本书”是读书会项目组负责组织工作室成员开展的读书活动，是工作室常态化活动的主要形式，该活动已经持续近三年时间了，在运行过程中不断汲取其他读书会有价值的经验，并结合工作室读书的目标要求改进、融合，目前已经经历了三个阶段发展。

图 3-9　打卡小程序缴纳契约金

第一阶段：仅读书打卡，无共读。最初工作室读书的时候仅仅要求大家要读书打卡，没有共读书目。每月月初的时候由主持人在打卡小程序发起打卡，并设定每月打卡次数不少于25次。为了形成更好的约定并遵守，使用小程序缴纳契约金的方式，每个人通过小程序链接支付契约金20元（上页图3-9），当完成当月打卡任务，所缴契约金原路退回，当打卡次数低于25次，小程序会自动将其缴纳契约金平分给所有参与的人，从而成为大家的福利。

第二阶段：共读一本书，安排主分享。随着读书活动的持续进行，有工作室成员提出共读一本书会更有价值，于是调整读书方式，将先前的各自选书阅读升级为工作室共读一本书，每半个月组织一次读书会，一本书共读的时长不固定。共读在CCtalk平台进行，方便读书活动留存资料。

第三阶段：共读一本书，主分享＋交流。读书会活动中，仅仅是主分享人的分享，不能形成共读交流的氛围，因此工作室将读书会活动方式再升级，由读书会项目组负责每月将下个月要共读的书目采用“拆书”的方式，将要共读的书目按照次数拆分成3—4部分，每部分提炼出问题，读书的时候采用主分享＋连麦交流进行，形成了有分享、有交流的读书方式，这样的方式保持至今。

此外，工作室主持人丁玉海老师还发起了一个“三年读百本书”活动倡议，名师工作室的成员应根据自己的实际情况自愿参加。规定了一定期限内阅读的数量要求，却不限制具体书目，成员可制订读书计划，深入学习包括但不局限于教育教学理论知识，促进名师工作室的成员共同成长。

吴琳老师：“三年读百本书”计划是2021年6月发起的一个倡议，是除工作室规定的每月精读一本书之外的读书计划。每半个月必须读一本书，书目不限，然后分享到群里完成共享文档！我每次策划读书会时都希望能让大家在愉快的氛围中学到知识，然后激发大家读书的兴趣。在组织策划中组织协调能力，语言表达能力等各方面都得到提升。

2. 课题研究：培养教育教学研究能力

在当今社会，教师的角色由“教书匠”向“研究者”转型的今天，教学研究已成为当代教师职业的一项重要内容，如果没有研究的能力，就无法及时把握学科发展的最新动向，从而影响到教师的职业成长，因此，怎样做一名研究型教师，是每个教师都必须面对的一项重大而长久的课题。有学者认为，教师在日常的教学实践中，对遇到的困惑、存在的问题进行思考研究，能够使自己的教学从现实问题出发，在真正意义上促进学生的发展。丁玉海名师工作室始终重视培养和提升教师的科研能力，成员也可以根据自己的实际或者自身的研究兴趣自选课题题目进行研究。

在课题研究的过程中工作室课题研究方法与指导项目组成员会对有需要的成员教师的相关理论、研究方法、论文发表等进行指导和交流，让成员在切实的操作实践过程中掌握研究方法，提升研究能力。

3．微课制作：常态提升成员技术思维

作为信息技术名师工作室中的一员，工作室成员很重要的一个工作任务就是微课的设计与制作。随着工作室的发展，对微课的制作更加聚焦教学，更加关注教育场景，切实帮助教师解决实际问题，如图 3-10 为成员制作微课的截图。关于工作室微课制作的类型前文已经提及，主要包括极简技术日常微课、主题微课、抖音短视频微课。无论是哪种微课，一方面作为成果，能够更好地传播推广极简技术，服务师生，另一方面，工作室成员每个阶段都会安排微课制作计划，具体到成员个人的计划安排，正是这种微课制作任务，工作室成员要完成制作任务就会更加关注技术，日常微课制作的作用之一就是对极简技术的

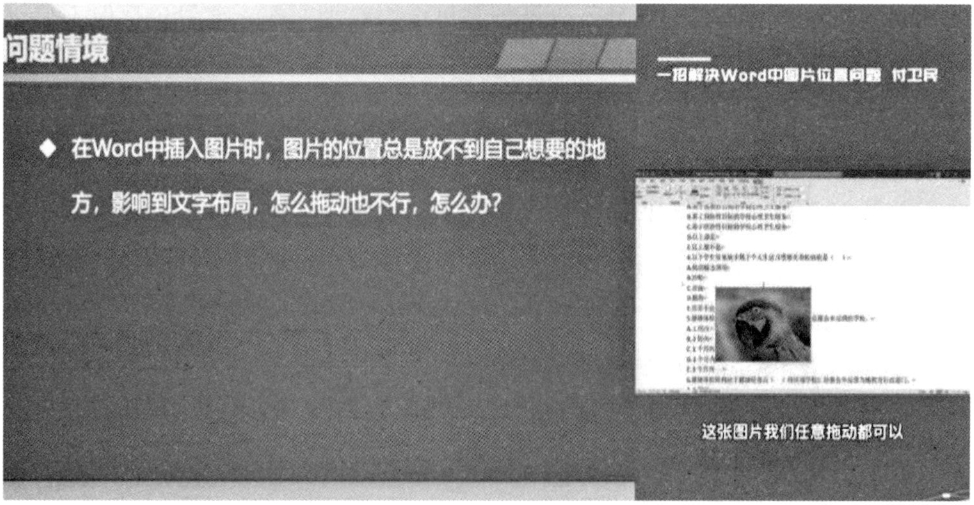

图 3-10　微课视频截图

训练，在这个过程中，工作室成员就会逐步提高自己的极简技术应用能力及信息素养。如丁玉海在对微课使用何种配音模式时向大家提到："各位成员，非特殊及必要，不推荐使用配音来录制我们的极简技术微课，极简技术微课本身就是对我们技术思维和表达能力的一种日常训练，如果达不到日常训练的目的也就失去了制作日常极简技术微课的作用。"

4. 对外交流：发挥名师示范辐射作用

工作室能够为学员的教学成果和研究成果提供展示交流的平台，推广经验，传播新理念。国外学者提出，学习是一种社会经验，不是个人的事情，需要与他人共同学习，通过与他人进行讨论等方式来学习。① 信息技术丁玉海名师工作室为教师打造了一个分享交流的平台，工作室之间跨区合作，共同研讨教育教学问题，促进教学资源的共享，开拓视野的同时扩大名师的辐射范围。

信息技术丁玉海名师工作室以多种形式发挥名师的引领和辐射作用，例如工作室的多个项目组中都涉及将开展直播活动作为项目成果发布和宣传的途径之一。此外，信息技术丁玉海名师工作室的成员分别管理着许多极简技术微信群组，群内成员均为各地一线教师，群内经常会有老师咨询技术相关的问题，如图 3-11 为群内成员交流时截图，而工作室成员则要负责回答群内教师们的提问、解决其遇到的技术问题。不管是直播讲座或是微信群组的问题解答，都要求工作室成员自身有过强的相关知识经验储备和相应的能力，通过这样的方式，工作室成员不仅能够惠及辐射一线教师，在完成各项活动、回答每个问题的过程中，也在不断地提高自身的能力、促进自我发展。

① 联合国教科文组织．反思教育：向"全球共同利益"的理念转变？[M]．北京：教育科学出版社，2015.

图 3-11　群内成员交流截图

3.5.2　工作室成员成长评价

为关注工作室成员的发展、记录其成长，工作室为每位成员建立了成长档案，并通过星级评价制度，记录每个成员成长发展现状、发展足迹和目标达成。

1. 建立成长系统

为更好地关注工作室每位成员的成长、引领成员的发展，信息技术丁玉海名师工作室设置了成长积分制，将成员不同的任务完成及成果输出记录为成长积分，工作室为实现成员成长积分的记录专门开设工作室专属的成长系统。工作室成员自加入信息技术丁玉海名师工作室起就依据组别生成了专属的个人ID，个人成长过程中的加分情况会定时更新到“易查分”平台，工作室成员可以随时通过平台系统查询自己的成长积分，通过这样的方式，关注每位成员的成长。关于成长系统的积分细则已在章节 3.2.3 考核制度中说明，对成员读书活动、极简技术微课制作、微信群组建与分享、工作室集体活动参与情况进行统计加分，每周由小组长加分汇总。

成长积分重在关注成员的成长，通过成长积分排名管理，成员能在短期甚至更长的时间段内，从工作室中找到自己的学习状况，多方面、多阶段地记录成员学习状况，通过对不同方面、不同阶段进行积分累计，可以为记录成员个人综合能力提供更为丰富的多维度立体信息。

丁玉海：我们最开始只有周考核，统计每周成员的得分情况。后来感觉统计得分，但是没有感觉到这个分的价值。所以，为了让成长得更具有这种引领性，就为工作室成员设置了成长积分。顾名思义，成长积分，都是为了关注成长的一个评价。因为只有成长评价之后才能实现持续的发展。

2. 开展星级评定

星级评价是信息技术丁玉海名师工作室为鼓励成员自主跨越发展、反映教师成长的评价机制，设置了工作室星级成员评定标准（附录五），共设置有五个等级：一星、三星、四星、五星和六星，每一个星级等级都有对应的申请条件。每个季度会开展一次星级评价的评定活动，申请星级评价时需要对照相应的标准，成员依据评定标准向工作室主持人丁玉海老师提出星级评定申请。成员满足对应星级的要求时，就可以获得工作室的星级头衔。截至本研究统计，获得工作室星级评价的成员共有 99 人，如表 3-12。

表 3-12　工作室星级评定统计表（截止到 2023 年 6 月）

小组名称	六星人数	五星人数	四星人数	三星人数	一星人数	星级总数	小组总人数	星级比例
第 1 组	0	0	3	5	6	14	14	100%
第 2 组	0	0	1	4	2	7	12	58%
第 3 组	0	0	1	2	5	8	11	72%
第 4 组	0	0	0	4	4	8	10	80%
第 5 组	0	0	1	4	2	7	13	54%
第 6 组	0	0	1	9	1	11	13	85%
第 7 组	0	0	1	1	6	8	9	89%
第 8 组	0	0	1	5	4	10	11	91%
第 9 组	0	1	0	4	6	11	12	85%
第 10 组	0	0	1	6	5	12	12	100%
第 11 组	0	0	0	1	2	3	11	27%
汇总	0	1	10	45	43	99	128	

星级评价的评定标准对成员在活动参与、成果输出、辐射引领等不同维度上提出要求。随着星级等级的递增，评定标准也在不断提高。工作室成员要成为星级教师成员，就要将标准作为自我提升的参考依据，在不同的维度督促和激励自己。从星级激励开始，逐渐实现自我跨越发展。

吴琳老师：星级认证是大家的目标。我被评为四星了，五星的标准需要我真正地再提升。星级评定是一个倒逼自己成长的很好的激励方案，大家都有目标有方向，挺好的。我也从星级评选标准中找到自己短板，找到自己努力提升的方向。

丁玉海：成长导向反映成长，在星级评价上我们定了有一星、三星、四星、五星和六星，其实到六星的时候，基本上实现的就是我们不需要评价、不需要干预，教师已经可以实现自我发展提升。

3.5.3 工作室开展课题研究

为了让工作室发展能够走向专业化成长之路，工作室主持人丁玉海在2019年6月申请了河北省教育科学规划“十三五”重点资助课题《基于高校专家指导下名师工作室发展模式研究》，课题编号：1902009。工作室想通过课题研究的方式探索如何充分利用高校专家的理论研究优势和中小学名师工作室实践的优势，理论实践结合，推动名师工作室专业化发展，本课题邀请河南省洛阳理工学院教授李蒙作为工作室高校指导专家。李蒙，河南省教育厅学术技术带头人、河南省高等学校青年骨干教师、洛阳市优秀专家，英国南威尔士大学、新加坡南洋理工大学访问学者，主持省级精品资源共享课程一门、省级在线开放课程两门。

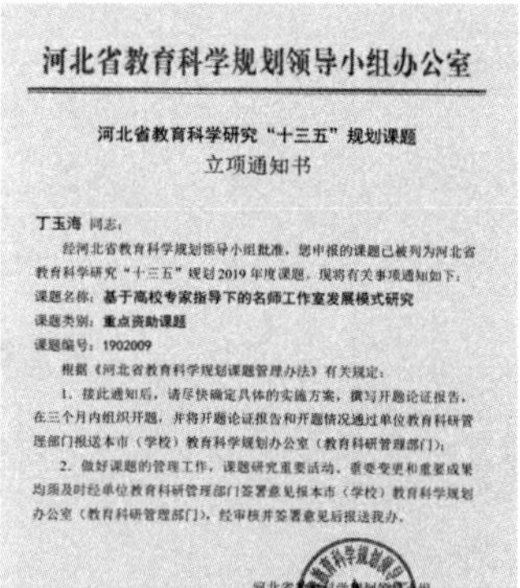
河北省教育科学规划领导小组办公室

河北省教育科学研究“十三五”规划课题
立项通知书

丁玉海 同志：

经河北省教育科学规划领导小组批准，您申报的课题已被列为河北省教育科学研究“十三五”规划2019年度课题，现将有关事项通知如下：

课题名称：基于高校专家指导下的名师工作室发展模式研究

课题类别：重点资助课题

课题编号：1902009

根据《河北省教育科学规划课题管理办法》有关规定：

1. 接此通知后，请尽快确定具体的实施方案，撰写开题论证报告，在三个月内组织开题，并将开题论证报告和开题情况通过单位教育科研管理部门报送本市（学校）教育科学规划办公室（教育科研管理部门）；

2. 做好课题的管理工作，课题研究重要活动、重要变更和重要成果均须及时经单位教育科研管理部门签署意见报本市（学校）教育科学规划办公室（教育科研管理部门），经审核并签署意见后报送我办。

河北省教育科学规划领导小组

2019年6月

图 3-12　课题立项书

表 3-13　课题研究方案

课题研究目标、研究内容、研究假设和创新之处 本课题研究目标是探索一套高校专家与名师工作室开展深度有效合作的模式，为提升更多名师工作室发展提供可借鉴的方法经验。 研究内容主要包括：高校专家在名师工作室深度合作中的参与流程、参与具体路径；名师工作室在合作中如何提升工作室整体研究水平和研究能力；在研究主题确立、研究过程实施、研究成果积累、研究成果转化四个阶段中高校专家与名师工作室中的方法模式。 本课题创新之处是如何实现名师工作室有效发展成长，从而为更多名师工作室的成长发展提供模式，同时也深度落实教育部提出的将高校相关专业与基础教育深度合作，推动基础教育发展改革的指导思想。 课题研究思路、研究方法、技术路线和实施步骤 课题研究将以高校专家与名师工作室共同确定研究方向入手，从研究主题确立、研究过程实施、研究成果积累、研究成果转化四个阶段探索策略模式，总结整理出一套高校专家指导下的名师工作室发展的模式。 研究方法： （1）文献法 在课题研究中将查阅相关研究资料和成果，从已有的研究成果中汇总整理名师工作室发展经验，为开展实践提供可参考的模式。 （2）行动研究法 课题研究将主要采用行动研究法，全程记录高校专家与名师工作室开展深度合作的行动过程，并进行不断尝试优化合作方式和内容，为总结梳理策略模式提供研究成果和数据。 （3）迭达改进法 课题研究将总结研究的全部过程总结，找到不足，进行迭代改进，为形成一套科学有效的策略提供基础。 实施步骤： （1）开展文献研究（2019 年 4—6 月） 查找文献资料，整理已有研究成果，筛选可采用的方法策略，为开展下一步研究提供基础。 （2）制订合作方案（2019 年 7—9 月） 根据研究方向，制订详细、科学的研究主题、研究过程、成果积累和成果转化方案，开始全方位指导。 （3）行动研究和经验总结（2019 年 10 月—2020 年 6 月） 在实践中开展行动研究，不断优化调整合作方式和研究方法，保证研究沿着既定的目标实施。 （4）推广应用（2020 年 7 月—2021 年 2 月） 将课题研究成果在其他名师工作室进行推广应用，实践印证策略模式的有效性，优化改进研究模式。 （5）撰写研究报告（2021 年 3—4 月） 撰写研究报告，形成研究成果，准备课题结题，进行辐射推广。

3.6 名师工作室成果辐射扩散

名师工作室的辐射功能，以工作室主持人为引领，以促进教师专业成长为目的。信息技术丁玉海名师工作室便是以名师工作室为原点，以辐射为导向开展一系列活动，通过多种方式向四周辐射工作室成员的教育教学智慧。

3.6.1 创建极简技术微信群

网络技术发达的今日，微信成为大众接收信息的重要途径，有着便捷、及时的优点，信息技术丁玉海名师工作室以微信为媒介，发挥名师的辐射引领作用，创建极简技术微信群。每位成员都组建了1个或多个微信群组，并以“极简教育技术＋成员ID”作为群组名称。在工作室不断运行发展的过程中，工作室成员管理的群组也在不断壮大，扩大工作室的影响范围。微信群的管理员会将微信群组作为宣传资讯分享平台，分享工作室每日更新的成果资源，各种讲座的开展信息也会在群内发布预告，如图3-13。微信群也是答疑交流平台，群成员在遇到教育教学及技术类相关问题后可随时在群内提问，当有问题抛出后，群管理员或其他群成员会为其提供解决方案。

图3-13 工作室极简技术微信群组

3.6.2 自媒体宣传推广

在前文中介绍到，信息技术丁玉海名师工作室有多种成果展示平台，如微信公众号、UMU学习平台、今日头条等，这些运行载体是工作室各种成果资源及信息资讯发布和推广的网络平台。依靠网络平台，工作室能够及时发布成果信息和报道工作室各种活动的进展，为工作室进行宣传推广，吸引更多教师参与到提升自身的信息素养当中来。例如，工作室的微信公众号就是发布工作室研修成果的重要平台，发布信息资讯的同时也可以用来征集教学技术相关问题，工作室自媒体推广与辐射项目组成员收集并解答公众号粉丝留言的问题，如果遇到一些共性问题还会反馈至工作室成员，为成员们提供微课制作选题方向。工作室的各个网络载体的运营和管理则是由工作室自媒体推广与辐射项目组负责，如表 3-14 是该项目组的主要工作内容及年度预期成果。

表 3-14　工作室自媒体推广与辐射项目组主要工作内容及年度预期成果

具体内容	
工作内容	1. 工作室公众号内容更新、栏目策划、推广引流
	2. UMU 等其他自媒体工具推广引流
	3. 工作室头条号内容更新、栏目策划、推广引流等
	4. 工作室抖音号内容更新、栏目策划、推广引流等
	5. 工作室成员负责微信群人员增容、互动交流与推广辐射等相关管理
	6. 工作室成果发布的策划、设计、推广等
	7. 自媒体专题讲座
	8. 数据驱动
年度预期成果	1. 实现公众号每日微课更新，打造精品话题标签 10 个，实现微课主题化、系列化、精品化；提高公众号关注态度，粉丝关注度达 6w；提高公众号辐射度，月均阅读人数达 2500 人以上
	2. UMU 学习圈坚持每天发布微课，有问必答，关注成员达 3800 人
	3. 今日头条号侧重工作室直播回放、主题讲座的成果分享，粉丝增至 1600 人
	4. 抖音侧重短视频分享极简技术微课，粉丝数增至 2000 人
	5. 微信群人数增至 16 000 人以上
	6. 工作室各项目组的成果发布的策划、设计、推广 1 次以上
	7. 完成 1 节公众号编辑与美化的主题讲座（预计 3 月份之前完成）；完成 1 节抖音微课制作的经验的主题讲座（预计 7 月份完成）

利用网络载体发布工作室的研修成果，包括各类成果资源，这种推广方式能够全面提升吸引力，能够将新媒体平台的优势和作用最大化发挥，建立多样化的推广机制，是信息技术丁玉海名师工作室创新发展的重要举措。

付鑫鑫：这些自媒体（网络平台）是将工作室成果向外推介的重要平台，是让更多人了解工作室动态的一个窗口，也是扩大工作室影响力的重要桥梁。

3.6.3 参与送教送培活动

名师工作室不仅要促进成员自身的发展，更要引领、带动其他教师的成长，而送教下乡、送培送教就是促进教师专业成长的重要途径。送教下乡、送培送教是为加强城乡教育交流，缩小城乡教育发展差距，实现城乡教育均衡发展开展的教师交流活动。丁玉海名师工作室的送教下乡、送培送教系列活动为教师间的教学交流搭建了一个交流的平台，促进了教师优势互补、共同提升、互助成长，这一系列的活动表明，“工作室”不仅是一个让内部成员进行专业发展的平台，而且还是一个可以向区域内的学校提供优质资源的非常关键的平台，同时还可以促进区域内其他老师的专业发展，能够发挥成员教师的示范引领作用。信息技术丁玉海名师工作室通过送教下乡、送培送教系列活动把优质的资源、有价值的经验传播到相关区域内的其他学校，促进区域教学资源的分享，打破地区之间、学校之间、城乡之间的距离与隔阂，进而发挥名师工作室的辐射作用。这些活动在扩大信息技术丁玉海名师工作室的辐射范围、促进区域教师信息素养发展的同时，工作室成员也在不断地实践、交流、反思中得到发展与进步。2022 年，信息技术丁玉海名师工作室先后在邯郸市复兴小学、前进小学等学校展开送培送教活动。

3.6.4 开展专题讲座培训

名师工作室成果转化的过程，不仅仅是对工作室成果的检验，更是为了不断提升自身的水平，完善自身的知识体系，从而提高自身能力和素质。

名师工作室在实践中开发了各类主题课程并举办相关主题讲座，不仅是将研修成果辐射，更是对工作室的宣传与推广。主题课程包括极简技术微课中的主题化微课课程、训练营项目组开展的各类主题训练课程，以课程为纽带联结起工作室成员与众多一线教师，助力教师能力提升；工作室主题课程的开展还包括每周 CCtalk 平台上开展的编程直播课，如图 3-14 主题为《利用 AR 进行摸球健身运动》编程直播课程。编程直播课，通过带领大家一起学习各类编程语言，探索人工智能应用，普及编程教育。

图 3-14　《利用 AR 进行摸球健身运动》编程直播课程

除开发主题课程外，也会以主题讲座的方式进行。工作室发展规划中要求每位成员每年需要完成一个主题讲座分享，此外，工作室成员招募制度中就要求成员要有讲座分享的经历，有将成果内容内化输出的能力。因此，在工作室研修过程中会鼓励并提供给成员开展讲座的机会。在多个研修项目组均会安排主题讲座的活动，例如，新媒体新工具教学探索与实践项目组主要工作内容包括：与该方向相关能够帮助更多人学习提升相关能力的课程制作及专题讲座；工作室自媒体推广与辐射项目组主要工作内容包括：自媒体专题讲座举办，与该方向相关能够帮助更多人学习提升相关能力的课程制作及专题讲座（如公众号编辑与美化、抖音微课制作经验分享）；能力提升工程信息化 2.0 推进项目组主要工作内容包括：能力提升工程 2.0 学习提升相关能力的课程制作及专题讲座（如政策解读、微能力点解读、混合式校本研修开展、校本研修考核、信息技术与学科融合课例设计等）。

名师工作室在研修中关注实践，关注实践中问题的解决，关注教师教学技能或管理技能的提升与发展。如图 3-15 为工作室主持人丁玉海老师为助力教师教学展开分析研究，并将研究成果运用于实践，以课堂四维度为主题策划并开展了即"'巧组合'学法指导让学习更灵活""'多视角'理解教学设计让教学更有效""'大数据'学业评价让教学更精准"等系列讲座。在此系列讲座中，平均单次讲座观看人次均可达数万次，同时讲座视频回放储存在七点半学苑平台中供用户查看学习，进一步扩大辐射力度。

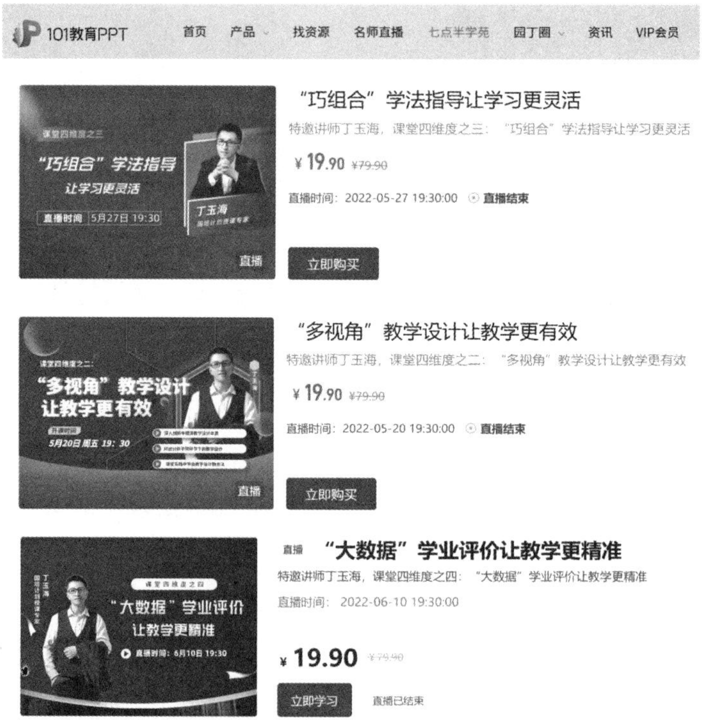

图 3-15　丁玉海老师在七点半学苑学习平台开展的讲座

工作室以成果为导向，通过一系列的主题课程与讲座活动促进观众信息技术和理念的掌握、信息意识和能力的提升。在提供课程支撑和加强讲座宣传力度过程中，增大工作室辐射范围。

3.6.5　借力机构平台宣传

随着工作室的逐步发展，其实力和影响力均在不断提升，工作室开展的活动将不再局限于本工作室，而是扩大活动范围，从而引来更多的同伴，其中很重要的就是与各类网络教育机构的合作。

信息技术丁玉海名师工作室以工作室不同项目发展为契机，联合各类教育机构平台，不断推进联盟的建立，形成发展共同体联盟，实现教育教学资源的互通互享。信息技术丁玉海名师工作室已经与希沃、芦笋、鸿合、七点半学苑、不倦课堂、颂大教育、国家教育行政学院、超星、奥鹏、高教社、继教网、中国教育电视台等教育企业机构开展过合作，对不同的平台机构，工作室有着不同的合作内容。如工作室与希沃平台的合作，工作室和希沃签订了战略合作协议，合作内容分这几种：一是希沃提供讲座平台，工作室的优秀成员就可以在平台开展讲座，内容主要是极简教育技术相关；二是将工作室成员制作的极简教育技术系列专题课程发布到希沃学苑；三是工作室成员组织本地区本学校的老师们参加希沃初阶、中阶、高阶等训练营，一方面扩大希沃的影响力，另一方面也能让一线老师掌握希沃备课、授课技巧，服务于教育教学；四是工作室三星四星导师参与希沃组织的训练营，担任班委，组织管理训练营的开展，促进自身专业成长。

此外，教学经验成果输出项目组负责人郝杰在征集工作室成员与七点半学苑对外平台直播时要求到："大家先把自己想要分享的主题私发给我，我负责给大家联系；上报主题通过后就需要发送课程框架，课程框架有模板；直播时长为一个半小时；分享的主题需要与教育教学有关，能够解决教育教学中的问题或者是一线教师关注的内容。"

工作室提供课程与学习资源，相关教育机构为工作室提供展示交流平台、为工作室成员提供直播支持。当主持人与相应平台达成合作意向、为工作室争取到相应的资源及平台支持后，工作室负责人就会在微信群发布主题讲座征集，成员可依据征集要求申报自己的主题，符合要求的会得到平台的支持和宣传。

3.7 本章小结

通过对工作室资料的收集与整理以及对相关人员的访谈，了解信息技术丁玉海名师工作室在运行发展中有其独特的建设路径。本章分别从信息技术丁玉海名师工作室发展目标与规划、运行管理制度、项目式研修机制、成果资源建设、名师成长路径和工作室辐射方案六个方面对工作室的建设路径进行梳理并作总结归纳。作为具有代表性的信息技术名师工作室，首先在发展与运行的过程中形成了足够清晰的发展目标与规划；并有严格的运行管理制度，从成员招募、小组的管理以及考核来规范工作室成员；在工作室的研修方面，信息技术丁玉海名师工作室在运行发展中形成了独特的项目式研修机制，以项目组为单位、项目任务为驱动，开展工作室一系列的研修活动；工作室成员研修过程也是成果资源的输出过程，信息技术丁玉海名师工作室在长期的发展过程中始终将成果资源建设作为重要发展路径之一；成员通过读书学习、课题研究等多路径实现自我提升和发展成长，并设置了成长系统和星级评价来记录成员的成长；名师工作室通过推广微信群等多种辐射方案，实现成果辐射从而带动教师发展，提高教育质量的教师队伍。

在运行发展过程中，信息技术丁玉海名师工作室不断探索，并对自身的不足修正与改善，形成了独特的建设路径。正是通过不同维度的建设路径，丁玉海名师工作室才能逐步发展，激励着每一个团队成员成长，推动着工作室不断发展壮大，充分发挥凝聚、激励、示范和辐射作用，成为具有高影响力的名师工作室。

第四章　成自己样子
——名师工作室发展成效困惑

在了解工作室的基本情况、探析工作室的建设路径的同时，名师工作室在建设运行过程中取得的成效及面临的问题也值得关注。因此，本章将对从多方面总结信息技术丁玉海名师工作室的建设成效，并分析信息技术名师工作室在建设中的困境，以期全面了解信息技术名师工作室的建设与发展状况，为研究信息技术名师工作室建设提供参考。

4.1　名师工作室建设成效

丁玉海名师工作室组建之后开展了内容丰富的研修活动，取得的成果显著。通过对工作室的成果资料进行分析与整理，本研究将从内容成果、辐射影响、成员提升、树立典型四方面梳理工作室的建设成效。

4.1.1　内容成果

工作室在安排研修活动时就对成员内容的输出提出了要求，激励着成员不断学习和探索。工作室成员严格要求自己，在资源生成、信息交流、成果展示等研修中整合资源，并将其聚合在工作室的空间平台上，包括各类开发的课程及相关资源汇集，现已形成工作室独特丰厚的成果资源库。

1. 课程开发

信息技术丁玉海名师工作室开发的课程主要包括极简技术微课、训练营和主题课程，从工作室成立至今已经有丰硕成果。

(1) 极简技术微课

自成立初期，工作室的成员教师就开始制作微课，采用微课的形式传播推广极简技术，服务师生。在前文中介绍到，信息技术丁玉海名师工作室有三种不同类型的微课——极简技术日常微课、抖音短视频微课、主题微课。这三类极简技术微课已经形成了庞大的微课资源库，截至本研究统计，工作室设计开发了极简技术日常微课 5545 节、188 个主题化课程，在抖音平台共计发布 962 个作品，如表 4-1。在呈现形式上，工作室的微课作品不仅会通过微信公众号等网络载体发布，而且会以传统的纸质口袋书作为发布载体。信息技术丁玉海名师工作室根据微课内容方向分别印制了三种口袋书刊物——《极简教学技术口袋书》《微能力点口袋书》和《多媒体编辑口袋书》,《极简教学技术口袋书》通过技术解决教学过程遇到的实际问题、提升教师的信息技术与学科教学融合；《微能力点口袋书》则聚焦于能力提升工程 2.0，从工作室的日常微课中收录有助于教师微能力点提升的微课编制成合集；《多媒体编辑口袋书》聚焦于从电脑端软件、手机 APP、微信小程序、在线网站等方面解决教师日常教育教学中遇到的问题。截至本研究统计，《极简教学技术口袋书》已印制 5 辑，《微能力点口袋书》已印制 3 辑，《多媒体编辑口袋书》已印制 1 辑，如图 4-1。

表 4-1　工作室极简技术微课（截止到 2023 年 7 月）

微课类型	数量
极简技术日常微课	5545
主题化课程	188
抖音短视频微课	962

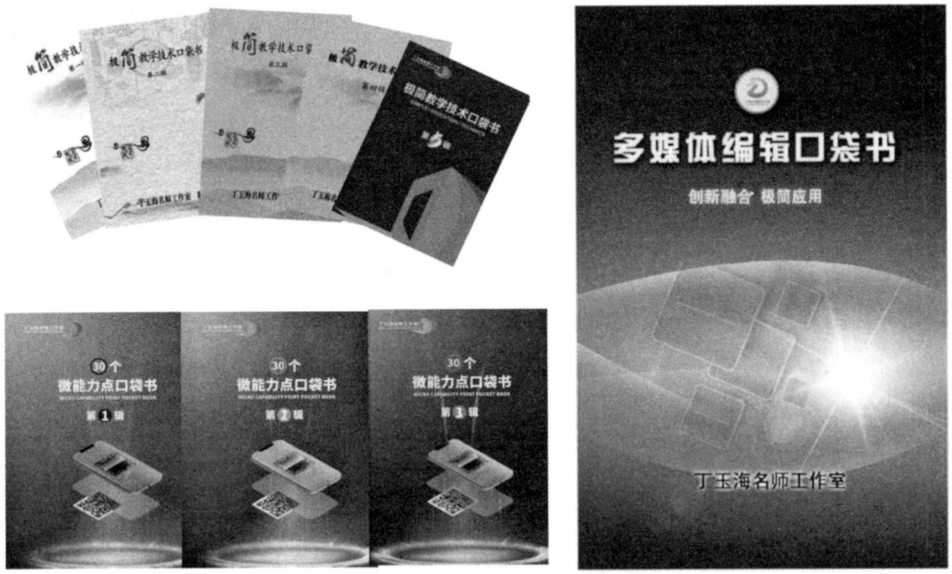

图 4-1　工作室口袋书

你想提高自己的信息素养、提升信息技术与学科教学融合的能力吗？苦于没技术没方法那就找它，这里有丁玉海名师工作室成员倾力打造的信息技术服务学科教学的极简技术微课千余节，教你使用 101 教育 PPT，希沃白板 APP，小程序音、视频录制剪辑，还有办公软件的操作。小小微课，短时高效解决工作和生活中的烦恼，扫码观看，急学急用技术，难题迎刃而解，小白老师秒变技术达人，想学习想改变就找它，极简教学技术口袋书！

——摘自工作室口袋书宣传视频文案

极简技术微课是丁玉海名师工作室重要的内容成果，简捷短小、情境性高、实用性强的课程特点使得极简技术微课深受广大教师欢迎，通过线上传播、口袋书印制等方式提高了各类微课的影响力，因此极简技术微课成为工作室重要的内容成果。

（2）训练营课程

训练营是信息技术丁玉海名师工作室开展的在线特色课程，也是丁玉海名师工作室为提升教师专项能力组织开发的系列主题课程。每期训练营以工作室训练营项目组的成员为核心展开，以有助于教师信息化能力提升的方向为训练主题，帮助教师通过课程的学习和作业练习的完成达到能力的提升。经过多期的开展，工作室训练营已经形成了成熟的开展机制，并成为了工作室特色课程。2023 年 1—6 月，信息技术丁玉海名师工作室已累计开发了 12 个主题训练营，开展期数达 26 期，如表 4-2，总计培训达 6582 人次。其中，有多个主题的训练营实用性强、反响较好，因此已开展多期，如《万彩动画如此简单》训练营，旨在让教师掌握万彩动画制作微课的技能，已成功开展 4 期学习。在与教育机构联合下，工作室的训练营也已在各类教育网站上线，影响力进一步扩大。

表 4-2　信息技术丁玉海名师工作室训练营开展情况

训练营名称	开展期数
《下载文档、图片、音视频——没什么不可能》训练营	1
《学会下载技术，资源想下就下》训练营	2
《万彩动画如此简单》训练营	4
《芦笋，让视频制作嗨起来》训练营	5
《喀秋莎——视频录制与剪辑》训练营	4
《数学老师必备神器 GGB》训练营	1
《公众号编辑与优化》训练营	1
《微信小程序，发挥大作用》训练营	1
《超级实用的在线网站》训练营	1
希沃课件美化初阶训练营、中阶训练营	4
《2.0 整校考核指导》训练营	1
《课题选题和设计论证》训练营	1

训练营通过设计不同主题体系化的课程，把一群具有共同兴趣爱好、共同目标追求的教师聚集在一起，对参加训练营的教师成员进行有针对性的强化训练，达到提升参营教师专项能力的目标，进而促进教师信息素养、教育能力等方面的提升，有效满足了参与营员教师的某项技能培养的需求。

（3）主题课程

主题课程是极简技术微课的升级版，极简技术微课制作理念是“一个问题一个答案”，聚焦短视频的短小、精准，侧重于现有实践问题的解决方案；主题课程则是一个问题的系统性解决方案，侧重于系统的信息技术知识内容学习，截止到 2023 年 7 月 30 日工作室共完成主题课程制作 188 节，内容涵盖技术应用的方方面面。

表 4-3　主题课程目录

01—“剪”出美丽新世界—王海船	26—轻松搞定信息收集—陈洁、李现芳、徐俊华
02—微课课件制作任我行—刘群	27—希沃白板功能篇—孙雪芳、侯静娜
03—手机玩转微课录制—赵凤婷、张艳丽、张晓磊	28—人工智能助力教师高效备课—杨秀利
04—Excel 在教学应用中的小技巧—张永建	29—表格协作我做主—周少锋
05—图片处理系列课程—王新梅、刘春艳、郭瑞肖	30—课件图片哪里寻—齐奇、陈艳玲
06—希沃白板课堂篇—孙娜	31—Win10 系统的安装与部署—陈森
07—PPT 中音频处理与应用—贾进珠、甄玉洁、徐美玲	32—文字转语音系列—范彩霞
08—希沃白板 5 课堂活动系列—谷伟	33—资源搜索力—付鑫鑫
09—希沃白板备课篇—徐治华	34—带你轻松玩转万彩动画大师—张智慧
10—学科工具助力教学—李胜辉	35—提高 Windows10 系统电脑运行速度九法—路文红
11—让化学用语“躺平”—罗峰	36—技术让班级管理更有效—王爱霞、刘桂玲、户艳姣
12—微课制作有章法—冯润萍、贾丽娜、温玉霞	37—小学数学课件制作系列课程—吴丽波
13—论文排版中设计的技术—刘会茹、李紫祺	38—场景截图全覆盖—石晓娜
14—二维码的制作—刘文霞、杜子钰、郭潇潇	39—希沃白板视频课程—练习篇—蒋海东
15—班主任也是一个技术活儿—程增霞、吴琳、门纪敏	40—助力化学教学的 6 个神器—吴倩
16—PPT 强大的动画功能—姜俊娜、桂建旺、郭涛	41—PDF 常用操作—李艳
17—手机剪映应用—史新英、曹传楠	42—轻松快乐排课—乔树良
18—Word 图文处理—刘书花、刘举霞、常智广	43—Excel 在教学中的应用—李迎迎
19—浏览器助力资源下载—李石岩、朱燕、王永茹	44—PS 小技巧—郑艳芳
20—小程序教学系列视频课程—教学辅助篇—邱颖	45—希沃白板助力生物教学—柴丽
21—考试成绩巧分析—张颖	46—使用手机希沃白板 APP 实现移动授课—张小如
22—学科工具系列视频课程—效率篇—李胜辉	47—AR 技术融合课堂教学—李萌
23—学会用 Excel 处理学生成绩—张坤	48—希沃白板系列视频课程—课堂活动篇—曹娟
24—文字语音轻松互转—刘玉丽、刘海艳	49—PS 系列课程修图篇—冯巧粉
25—手机应用系列——课堂篇—梁博	50—360 安全浏览器插件篇—姚丽、吴超、吴琳

续表 1

51—学科工具助力初中数学教学—康海华	76—Excel 函数巧应用—桂建旺、刘桂玲、康海华
52—101 教育 PPT 环境下的手机授课应用—张蓉	77—“剪”出精彩—徐奖利、宋彦、吴琳
53—万彩办公大师——PDF 工具集—牛存磊	78—Geogebra 玩转数学课堂系列（基本操作函数篇）—杨晶
54—群里那些事儿—王艳艳	79—Geogebra 系列视频课—孙娜
55—利用 Excel 巧妙处理学生信息—李慧婕	80—图像处理视频课程—梁博
56—学科工具系列课程—纪艳芳	81—Focusky 动画演示大师系列课程—范彩霞
57—钉钉在线课堂助力线上教学系列—杜子钰、郭潇潇、王安琦	82—语文学科实用小工具—孟富恩
58—智能办公系列视频课程—覃堃、胡杨、邱颖	83—企业微信实用功能—张元元
59—学科工具系列视频课程——初中作业篇—希沃作业本	84—秒懂 Excel 常用办公神技能—刘书花
60—来画动画视频课程—丘丽娣、常智广、杜子钰	85—小程序助力信息收集—李颂婷、李石岩、王娜
61—希沃作业助力学科教学系列—王爱霞	86—小程序助力英语学习—孙雪芳
62—喀秋莎 2019 安装与使用常见问题解答—张坤	87—学科工具系列主题微课—谷红亮、连亚楠、魏琳霞
63—项目化学习—陈洁、陈艳玲	88—微信小程序”趣味篇”—葛丽亚
64—学科工具系列视频课程——高中教学篇（维词）—李胜辉	89—多个网站助力图片下载—索小凤
65—OBS Studio 使用技巧——基础篇—徐治华	90—图片高效处理—抠图篇—刘玉丽、刘海艳、张小如
66—高大上 PPT 制作技巧—吴琳、宋彦、廖静怡	91—3D 打印建模如此简单—刘群
67—优质资源如何下—吴琳、杜立娟、廖静怡	92—PPT 制作小技巧系列课程—张智慧
68—PPT 制作技巧—宋彦、王静、杨烨	93—化学制图任我行—罗峰
69—易查分系列视频课程—周少锋	94—微信小程序发挥大作用—张元元
70—常用 PDF 处理工具—梁博	95—Excel 表格中巧用鼠标小技巧—董艳芳、周彦梅
71—虚拟实验 NB 系列—曹传楠、火精精、李锦绣、孟小强	96—“PDF 派”系列课程—路文红、张敬敏、武艳红
72—优芽动画助力微课制作—甄玉洁	97—PPT 课件制作技巧—吴丽波
73—助力英语教学神—吴琳、徐奖利、陈毅力	98—一学就会的表格小技巧—齐奇
74—PPT 实用小技巧—孟富恩	99—超好用的 WPS 表格功能—刘志雪、牛存磊、黄鹏
75—布尔运算系列视频课—刘桂玲	100—剪映“剪”出精彩—郭潇阳

续表 2

101—如何让办公更高效——Word 篇—夏兴佳	126—提词器系列主题微课—吴琳、魏琳霞、连亚楠
102—图片转文字系列课程—郭瑞肖、冯巧粉	127—格式工厂系列主题微课—吴金红、连亚楠、杜立娟
103—超级实用的在线网站系列——素材网站推荐—汤敏	128—UUtool 小工具大用途—付卫民
104—超级使用的在线网站系列——佐糖篇—谷伟	129—小技巧大作用系列短视频课程—曹娟
105—数学资源搜集与整理—罗桂丽、刘举霞	130—助力教师工作的 AI 在线工具—王海船
106—微信小程序，发挥大作用—杜子钰	131—超级实用的浏览器插件—杨秀利
107—在线视频剪辑网站——智影—罗桂丽	132—UMU 互动平台系列主题微课—杜立娟、魏琳霞、连亚楠
108—小程序接龙管家系列课程—郝海宁、侯迎飞	133—格式转换系列主题微课—吴金红、魏琳霞、连亚楠
109—微信隐藏功能大盘点—王永茹	134—教学资源巧下载神器系列—吴琳、吴金红、连亚楠
110—微信小程序 发挥大作用—李文霞	135—视频下载神器系列主题微课—连亚楠、陈毅力、吴金红
111—AI 助力语文写作系列—史新英	136—下载神器系列视频主题微课—吴琳、谷红亮、连亚楠
112—PPT 制作技巧系列—吴琳、魏琳霞、连亚楠	137—信息技术助力语文教学系列—魏琳霞、付荣英、吴琳
113—视频字幕添加神器系列课程—吴琳、付荣英、张志刚	138—助力英语教学神器系列视频—吴琳、姜建萍、连亚楠
114—信息技术助力英语作业—杨蔚	139—人工智能助力教师办公系列—范彩霞
115—Excel 中利用身份证号提取信息—宋慧军	140—视频转音频系列视频—魏琳霞、吴琳、宋彦
116—PPT 制作技巧系列主题微课—姜建萍，吴琳	141—班级优化大师使用系列—苏亮
117—在线网站助力找免费教学资源—刘得鑫	142—WPS 助力结题报告写作—杨晶、赵凤婷
118—Word 编辑小技巧—韩燕娟	143—PPT 制作系列视频课程——技巧篇—王书娟
119—夸克浏览器实用功能集锦—李文娟、王安琦、吴乐	144—微信小程序助力语文课堂—纪艳芳
120—佐糖神器系列主题微课—吴金红、魏琳霞、连亚楠	145—Photoshop 制作海报小技巧—吉丽晓、户艳姣
121—助力语文教学神器系列主题微课—吴琳、魏琳霞、连亚楠	146—Excel 办公使用技巧—王丽婷
122—在线交流与分享主题微课—李慧婕、赵佳佳	147—Excel 助力资助工作系列课程—李为国
123—音乐免费下载系列—陈森	148—零基础玩转音视频—陈洁
124—希沃信鸽助力数字化教研管理—邱柏林	149—零基础玩转剪映 APP 花样玩法—张元元
125—图片在线巧处理—郭涛	150—零基础玩转剪映 APP 基础操作—张元元

续表 3

151—语文学科实用小工具—孟富恩	170—智能 AI 助力微课制作—周少锋
152—趣味小程序，教师好帮手—许巧颖	171—uTools 实用小插件盘点—王永茹
153—剪映剪出精彩—吴琳	172—美篇编辑小技巧—张敬敏
154—PPT 课件美化主题微课——插件篇—吴丽波	173—AI 写作系列课程—陈艳玲
155—电脑问题不求人—张坤	174—“记灵”助力教师“减负”—孙雪芳
156—WPS 文字办公小技巧系列—姜建萍	175—帮小忙一站解决日常办公技巧—邱柏林
157—秒懂 Excel 常用办公神技巧—刘书花	176—免费 AI 用起来—李为国
158—用搜狗输入法快速输入小技巧—董艳芳	177—技术让你的课题更有型—韩燕娟
159—用手机录制精品课—杨向勇	178—“几何组合体、展开图巧制作”—齐奇
160—超好用的浏览器插件—吴金红	179—Excel 数据输入那些事—桂建旺
161—让美篇内容更“美”—李现芳	180—Excel 表格打印技巧—周彦梅
162—手机版剪映开场创意篇——剪映制作创意片头—乔晓明	181—图像化编程系列课程—邱颖
163—超好用的浏览器插件——图片处理篇—赵鑫	182—即时工具——在线全能工具箱系列微课—吴金红
164—零基础玩转音视频—陈洁	183—微信小程序助力英语教学系列课程—汤敏
165—万彩动画系列视频主题微课—谷红亮	184—“Ctrl+E”一键助力表格神操作—户艳姣
166—文件格式转换工具“一箩筐”—徐治华	185—在 PPT 中 DIY 化学实验仪器—李锦绣
167—小学数学教师常备公众号—刘举霞	186—如何制作动态考勤表—谷伟
168—WPS 实用教程——实用的“图”—杨晶	187—一站式搞定论文发表—丘丽娣
169—如何用希沃知识胶囊录制微课—夏兴佳	188—解锁 QQ 浏览器隐藏的黑科技—丘丽娣

2. 资源汇集

在信息技术丁玉海名师工作室建设运行过程中，工作室的内容成果除了各类教育教学课程外，也在不断更新其他各类教育教学资源，既包括工作室成员设计生成的，也有从多方渠道平台汇总整理的，这都丰富了工作室的教育教学资源。部分资源分类如表4-4，其中包括邯郸市2.0专家组成果、新课程标准学习相关资源、项目化学习资源等。在汇聚整理已有的资源外，工作室还积极建设各类成果资源，如下页图4-2为工作室成员的部分项目学习案例建设成果。

表4-4 工作室部分资源汇总

资源分类	资源内容	数量
邯郸市2.0专家组成果	文件及专家解读	8
	整校推进校本研修案例	44
	省区县能力提升2.0典型案例	6
	能力提升2.0学习资料	122
	信息技术提升工程2.0微能力点解读与应用	343
项目化学习资源	理论文章	26
	项目案例	56
	项目化学习—案例视频	30
	项目化学习—相关平台	12
	地区与学校项目经验	5
课题研究方法与指导项目组成果		182
新课程标准学习资源		34

作为致力于将信息技术与教育教学相融合的团队，信息技术丁玉海名师工作室能够将技术真正应用于教学的实践中，为关注信息技术丁玉海名师工作室的学习者建造了一个丰富的学习资源库，为广大一线教师提供了提升信息化能力的资源平台。

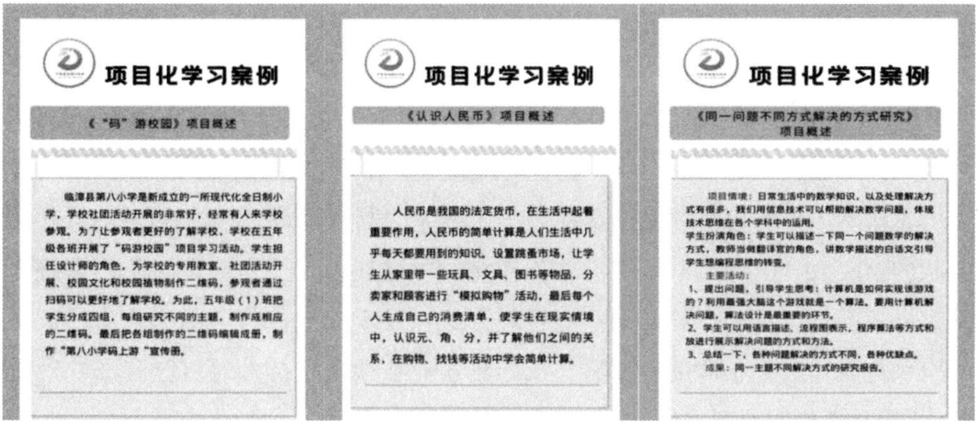

图 4-2　项目学习案例建设成果

冯润萍：工作室的资料库我们可以重复地去学习，遇到什么不懂可以随时检索学习。比如考试后整理考试成绩或者排名什么的，遇到问题可以马上找到解决方法。有时候学完一段时间不用，过几天就忘记了，但是还可以随时去巩固复习，我觉得挺有帮助的。还有比如工作室还有许多针对信息化 2.0 的资源，因为现在对 2.0 还挺重视的，工作室整理的这些资源对老师们信息化能力提升有很大的帮助。

信息技术丁玉海名师工作室成员在研修过程中输出的教育教学资源成果，这些资源紧密结合教育教学实际需要，涵盖了各类教育教学资源，成为了一线教师教学资源的资源库。并通过整合各类优质教育资源，形成教育教学资源库，为促进学习型社会构建、进一步提升教师的信息素养添砖加瓦。

4.1.2　辐射影响

名师工作室最大的效用之一就是辐射作用，通过工作室内教师成员的带动，辐射教育事业的发展。名师工作室的出现较好地适应了目前发展的需要，促进优质资源的共享与经验的交流，提升教师信息化能力、提高教师信息素养，更有助于实现教育公平。丁玉海名师工作室在运行发展过程中，工作室的辐射影响内外兼具，内部主持人、成员之间会互相影响，互相辐射促进成员进步；工作室外部通过多途径将工作室研修成果向工作室外进行辐射宣传，信息技术丁玉海名师工作室已成为全国范围内极具影响力的名师工作室。

1. 内部影响

“一个人可以走得很快，但一群人才能走得更远”，每个成员的成长都离不开团队内部成员间的辐射影响，都会在团队互助中获得成长。

工作室内部的辐射首先体现在名师工作室主持人对团队成员的影响。作为团队的领头人，主持人不仅决定着工作室的整体建设发展，也是团队内部辐射的重要发散点，其本身对工作室的管理方式以及个人威信与影响力，会对成员的引领与成长产生非常重要影响。正如葛丽亚在谈及主持人对自己的影响时提到：“我觉得他能看到我们每一个人身上的哪怕一个很小的闪光点，就像老师对待学生一样。我觉得这也是我们工作室大家越干越起劲的原因，如果你做什么大家都看不到或者你领头人看不到，可能也就没有心劲做了，他这种心境会影响我们每个人。他每一次提出改革，包括成立项目组这种改革，他都没有想过成功不了怎么办，他总是特别勇敢地往前冲，并且一个事要做就把它做到最好，就要坚持、坚持、再坚持，这种精神非常让我受益。”可以看出，主持人不仅在工作室的管理上会对成员产生辐射作用，自身的个人特质对成员也产生了重要的影响。

其次，小组的影响。工作室在管理上实行小组管理制度，因此各组组长也对组内成员有着重要的内部影响。小组组长是整个小组的带头人，不仅在工作室管理上发挥重要作用，在引领成员发展上也扮演了至关重要的角色。一定程度上，成员是在组长的带领下学习成长的，组长本身的个人魅力、行事风格影响着组内每位成员的研修效果，组长的积极鼓励、不时的督促是成员保持状态、对抗倦怠的重要手段。因为组长对成员的引领辐射，成员实现了更好的发展，就像吴琳老师说她所在的第十小组：“我把我所有的经验毫无保留的分享，给大家及时的鼓励和帮助。工作中或者生活中难免会遇到棘手的问题，能够坚持需要很大的勇气和内驱力，我作为组长首先也做好榜样，然后就是帮助大家成为最好的自己！”在吴琳老师的辐射带领下，第十小组多次在考核评价排名中获得第一，组成员的进步明显、成果丰富，成员的个人排名也名列前茅，小组辐射成果显著。

最后，成员间的辐射。小组内成员之间也会相互激励、共同追求进步，和追求进步的人在一起就会不自觉地向前冲，大家比学赶超、争先进位。在完成研修项目组的任务时，同伴间群策群力、分工合作，共同完成任务。在工作室的集体活动中，如工作室读书会中，成员间的分享、根据书中内容表达自己的见解与感悟，也促使了成员思想间碰撞出不一样的火花。在每次工作室内部召开的直播或讲座中，成员间经验互相分享、成员间交流学习是工作室内部辐射的重要方式，如工作室媒体推广宣传项目组开展《影片下载培训会》专题讲座，由工作室技术能手付卫民老师向工作室成员进行了分享，从多途径、多思路为工作室成员提供了问题解决新方案，充分体现了工作室内部辐射的重要意义。在提到这次活动时，工作室主持人丁玉海感慨道："我们就像当年蔡元培主持的北大'兼容并包，思想自由'，每个人都可以根据感兴趣的方向组团发起活动。"在工作室内部的交流过程中，工作室成员实现了共同学习、一起成长。又如在谈到读书会时，葛丽亚老师表示很乐于分享自己的观点与工作室的老师们交流："读书会可以把心中的那些苦闷或者你对书中的感慨抒发出来，所以我就挺喜欢这个活动的，我就每一次都要表达。同时也结合自己的工作一吐为快，我觉得这是一个挺好的输出交流方式。我们可以互相交流、思想碰撞，在工作室共同进步。"她认为在交流的过程中，成员间的碰撞带给了大家不一样的思考和收获，在思考与收获中不断进步。因此，工作室成员思想间的碰撞、知识与技能上的学习交流，成员间的互相辐射影响也是保持成员同频不掉队的重要保障。

2. 外部影响

信息技术丁玉海名师工作室的每位成员，包括主持人和成员教师都积极发挥其辐射引领作用，努力推广宣传工作室的研修成果。在建设发展过程中，通过线上与线下相结合的方式，以多途径将工作室研修成果向工作室外进行辐射宣传，在资源分享的同时增大了工作室的影响力。

网络的发达让信息高效传播成为可能，作为信息技术名师工作室，丁玉海名师工作室通过技术的手段充分发挥了线上的辐射作用。首先，工作室的各类媒体平台作为重要信息传播的重要媒介，在线上辐射传播起到了重要作用。工作室的网络平台能够以更高效率、更大范围发布并传播信息资源。在信息技术丁玉海名师工作室长期的建设发展中，工作室以多种网络平台为载体，不断扩大影响力，已取得不俗的成效，如表 4-5 为微信公众号等各个网络载体平台订阅用户或粉丝数量，累计全网粉丝数可达 8 万人。此外，根据平台统计，希沃学苑平台下丁玉海名师工作室专区影响力已达 887 934 人，视频累计播放 1 834 532 次，已成为该平台重要的学习专区。

表 4-5 网络载体平台订阅用户及粉丝数量统计表

平台	订阅用户/粉丝数量
微信公众号	80368
UMU 平台	26552
抖音短视频	5608
今日头条	1209
希沃学苑工作室专区	808
七点半学苑	—

其次，微信是当下时代人们工作和生活中的必备应用软件，是人们在线沟通、打破空间限制的重要手段，微信群亦是信息资讯快速传播的便捷通道。信息技术丁玉海名师工作室将微信群作为信息发布、资源转发的重要辐射渠道，工作室的每位成员都有自己所管理的微信群，并以“极简教育技术”为名统一编号命名。工作室通过建立微信推广群的宣传方式对工作室的外部辐射宣传已有显著成效，截至本研究统计，工作室总计管理的极简技术推广微信群已有 164 个，推广辐射人数达到 31 168 人。微信群不仅成为教师可以获取到工作室最新研修成果的资源平台，也可以帮助教师解决实际问题，成为了教师交流社区。

另外，在线直播也是一种在线学习、跨空间沟通宣传的重要方式，丁玉海名师工作室积极利用这种方式确保了主题课程与讲座的开展。主持人丁玉海老师多次开展各类直播讲座，共享名师工作室阶段性研修成果，助力提升教师信息化教学能力，如在七点半学苑平台上主持人以课堂四维度为主题策划开展的系列讲座，在此系列讲座中，平均单次讲座观看人次均可达数万次。除了工作室主持人，工作室的成员教师也是工作室对外辐射宣传的主力军。工作室考核规则对成员的直播或讲座任务作出了要求，每位成员每年度至少要完成一次直播或讲座。因此，工作室中每位成员都是工作室外部辐射的宣传者。此外，不同研修项目组也不定时进行主题直播、分享交流。通过各类不同的直播及讲座，丁玉海名师工作室向外积极发挥影响力，为教师的成长与能力提升赋能。如为加强教师信息化能力建设，在邯郸市能力提升 2.0 工程培训中，信息技术丁玉海名师工作室成员教师作为专家在 CCtalk 平台进行直播，单场直播超 10 万人次观看。可见，工作室通过线上直播跨越了空间的限制，产生了广泛的影响。

与此同时，信息技术丁玉海名师工作室积极通过线下途径，在扩大工作室外部影响、推进辐射宣传上也有不俗的成果。尽管疫情对活动的开展造成了阻碍，工作室仍进行了多次的送教下乡、送培送教等活动。在 2022 年，信息技术丁玉海名师工作室先后在邯郸市复兴小学、前进小学等学校展开送培送教活动。在复兴小学的培训活动是对学校教师信息技术 2.0 再培训，工作室主持人丁玉海老师开展了“以用为‘核’的希沃交互应用”送培送教活动，在工作室对此活动的总结中了解到，经过此次培训，老师们纷纷表示，今后将结合学科特点，充分利用希沃软件优化课堂教学，提高教学质量。相信在今后的教学过程中，信息技术手段将为课堂教学注入新的活力，真正实现智慧课堂、高效课堂。在前进小学开展“信息技术与课堂深度融合专题培训”送培送教活动中，主持人丁玉海老师从“以用驱学、以学促用、学用结合、模式推动”四个维度，依托具体课例，解释了新时代教育背景下课堂教学对技术支持的需求。通过此类活动，信息技术丁玉海名师工作室走进学校，积极为推动信息技术与课堂教学融合、真正提高课堂教学助力。

总之，在信息技术丁玉海名师工作室对外扩大辐射影响的途径中，不管是微信群的建立宣传及网络平台的推广辐射，还是送培送教、送教下乡等外部辐射，既推动了工作室高效运行，也实现了共享名师工作室阶段性研修成果。全国各地都有工作室的“追随者”，在工作室的辐射影响下许多教师慕名申请加入丁玉海名师工作室。相应的，信息技术丁玉海名师工作室不只是邯郸市地方性的工作室，更是全国性的工作室。如今，信息技术丁玉海名师工作室已成为全国范围内极具影响力的名师工作室。

4.1.3 成员提升

在工作室制定的团队发展规划及主持人丁玉海老师的引领下，名师工作室形成了多条名师成长路径，使培养更多的优秀教师成为可能。在工作室的研修过程，不仅是帮助成员们在教学专业理论、职业态度及信息化能力等多方面得到提升的过程，同时也是成员自身归属感的获得及领导力提升的过程，其过程能够促进成员教师的成长与发展。

1. 教学专业理论的丰富

教师在自我发展过程中，既要提升自己的教学实践技能，也要提升教育教学理论水平，让教学实践经验对教育教学理论研究起到积极的作用，提升教学质量。教师的专业理念指的是老师对教育的理性认知，它会有形地、无形地、每时每刻地渗透到老师的教学行为之中，它不但会对一个教育活动的开展产生影响，还会对学生的身体和心理发展产生影响。在名师工作室研修学习是促进教师专业成长的主要途径之一。工作室成员在读书交流、主题研讨、讲座培训等集体研修活动中可以不断丰富和更新自己的专业知识，包括正确的教学理论和教育理念。如在读书会中，成员从读书分享中感悟教育方法，提升教育教学能力，成员刘志雪老师在读书分享中针对“如何有效培养学生的团队合作意识，并使他们的团队合作变得更高效?”的问题，写出了自己的感悟，充实在其教育的专业理论中。

工作室吸引了各地拥有不同经验、不同学科、不同知识结构的教师聚集在一起，为成员教师们提供了交流讨论、共同学习的平台。信息技术丁玉海名师工作室在运行过程中注重引领教师构建科学的教育理念，科学有效地开展活动，合理地利用教育资源开展教育教学活动，做到科学地教育教学。

2. 教师职业态度的转变

工作室在运行发展过程中，通过创设学习型组织来引导教师们在团队的氛围中不断提升专业素质。

在对待自我成长的态度上，成员树立了终身学习的意识。教师不是一成不变的，是一个学无止境、在终身学习中不断进步的职业。即使已经是名师，成员教师也仍然不止学习、不断进步。依靠网络的作用力，工作室中的教师打破了地域、时间的限制，可以及时地进行知识共享、信息交互，在促进教师专业发展、追求终身学习等职业态度方面显示出巨大的优势。

在对待信息技术的态度上，一方面，作为信息技术名师工作室的成员，通过多途径的研修，信息技术（信息科技）学科素养本身获得提升；另一方面，丁玉海名师工作室吸引了全科教师成员，在研修中，不仅使信息科技教师获得了提升，还促进了成员对技术融合教育教学的态度转变。例如，在提到技术与教学关系的时候，成员李慧婕说道："我们在使用一项技术的时候，一个是备课，另外一个就是上课，在教室里使用的时候，一定要考虑方法简单，操作方便，对软硬件要求较低，我们教室里的电脑上不可能什么样的程序都有，所以用最常见的软件，最简单的操作达到我们的目的。"成员徐治华也认为："应该是先有教学需求，然后才想通过什么技术手段实现，而不是先弄一大堆技术硬塞进教学中，弄得课堂花里胡哨的！以达成教学目标为准则。"从中可以看出，随着成员教育理念的更新，其对信息技术与教学融合已经有一定的理解，在信息技术影响学习上树立了积极的态度。

3. 信息化教学能力的提升

在工作室研修学习的过程也是成员学习各项信息技术和提升信息化教学能力的过程。通过在工作室的研修学习，成员不仅在态度上认识到信息技术对教学的支持，也在不同的研修活动和任务中，提升和发展了自身的信息技术应用能力、信息化教学设计能力，从而提升教师的信息化教学能力。

首先，作为信息技术丁玉海名师工作室成员教师，微课的设计与制作是教师必备信息化技能之一。各类极简技术微课的制作，不仅锻炼了成员的微课制作技术，在对微课内容本身的研究上，工作室成员教师更是能进一步夯实自身极简技术掌握。成员张智慧在提到自己的变化中说道："通过微课的制作，让我的制作技术越来越熟练，同时对微课制作也越来越有信心，并对抖音微课产生兴趣，找到了自己的制作思路和方法，而且返回率①也越来越低。"同时，成员对微课主题的探索和选择过程也更有助于发现更多有用的极简技术，都将进一

① 工作室极简技术微课在发布前需要经过专门人员多次审核修改，微课若有问题返回给制作成员作修改，作者注。

步提升成员的信息化能力。

其次，成员教师信息技术应用能力的提升。信息技术丁玉海名师工作室本身会开设助力教师能力提升的培训课程，针对不同主题的微课、直播、讲座等，通过不同类别课程的学习，成员的信息素养、信息技术应用能力均会得到提升。如成员可以通过积极参加工作室不同主题的训练营，针对性地提高相关技能、充实自我。在项目式研修下，成员通过完成不同的任务和工作促使教师习得相关技能。研修项目组负责人张坤在谈到训练营对工作室成员的帮助中说道："我希望老师们能利用UMU互动学习平台，独立或者合作组建、实施UMU训练营。在此过程，要确定训练营主题，挑选工作室成员制作的微课，可能还需要自己制作微课，熟悉UMU互动学习平台的操作，这也是一个可以实施翻转课堂教学的优秀的平台。"

此外，成员教师信息化教学设计能力的提升。成员教师除了掌握必备的信息化技能、提升信息技术应用能力，作为一线教师，也将所学技术与实际教学融会贯通，提升了自身的信息化教学设计能力。例如，作为数学任课老师的罗桂丽老师在自己的读书分享感悟中分享了在日常教学中运用信息技术的方式对学生产生的影响时候写道：信息技术可以激发学生的学习兴趣，可以创新教育的氛围。罗桂丽老师在结合自己任教学科与技术融合时，她提到，多媒体教学既能提供直观形象和生动逼真的动态图像，发展学生的观察能力和空间想象力，又能通过生动的图像的变化，动听的音乐，诱发学生愉快的学习情绪，激发学生积极动脑思考的兴趣。在教学设计中，教师成员能够利用信息化手段赋能自身的教学设计，促进信息技术与教学的融合，进而提升信息化教学能力。

4. 归属感及幸福感的获得

名师工作室不仅是所有成员学习与发展共同体，同时也是全体成员的精神共同体和思想共同体。① 这种共同体让每位成员都拥有了归属感，工作室是成员自我超越的平台，成员之间互相信任、互相帮助一起解决困难，在学习工作研究中，彼此加油打气、一路同行，快乐其中，幸福其中。正如丁玉海老师所

---

① 陈铁梅．让教师在共同体中美美与共：名师工作室建设的思考与实践［J］．江苏教育，2018（94）：41-42＋45.

说："在我们工作室各位老师应该都找到了自己的'同行者'，同学段、同学科、同年级，工作室成为老师们组团前行，抱团发展的舞台和平台。所以让我们始终秉持'因为有情怀，所以一起来的'理念，遵守'家庭第一，单位第二、工作室第三'的工作室约定，以'成长、发展'为目标，为工作室作出自己的贡献，为自己的成长汲取团队的力量。"

付卫民老师：就是我之前还加入过工作单位的工作室，进去之后呢，也不建群，然后只是说工作，也不常跟大家沟通，就只是说有资料可以大家一起分享学习啊！实际上是没有大家在一起学习交流，是没有团队的感觉的。但是在丁玉海名师工作室不仅可以真正学到很多的知识，还有这个团队感也是很强烈的。

与此同时，诸如星级评价等文化氛围的创建为工作室增加一种独特的文化——星级文化，工作室为每位教师定制了刻有成员姓名及个人 ID 的专属纪念摆件，当成员通过星级评定成为星级成员时，工作室会为其寄送，如图 4-3。星级文化不仅可以助力成员提升，更能提高成员在工作室的归属感和认同感。

图 4-3　丁玉海名师工作室定制专属纪念摆件

5. 管理及领导力的提高

信息技术丁玉海名师工作室不仅仅是要引领室内成员的专业成长，更重要的是要让成长起来的成员去引领和带动区域内其他教师的专业发展。因此，管理及领导能力也是成员在教师专业发展过程中所必须具备的能力。工作室成员除了在专业知识和专业技能方面要提升和发展外，还要培养其引领其他教师专业发展的能力，即管理及领导能力。领导就其本质来说是一种影响力或者一种影响他人的能力，教师的领导力就是教师参与决策和影响同伴、学生的一种能力。①

工作室的研修过程有不同的途径促进成员管理及领导力的提高。例如，在管理方面，工作室实施小组管理制度，各小组组长要起到上传下达、管理督促本组成员的作用。小组的蓬勃发展离不开组长的管理与领导，无形之中就为组长们提供了提升管理与领导力的机会。同样的，工作室研修项目组的组长在长期的项目组管理中不断发展自己、提升自己。除了为组长或项目组长提供发展平台外，工作室的日常活动策划与开展任务也是成员们管理及领导力提升的机会。在策划一项活动并成功开展的过程中，成员需要管理已有资源、合理进行各项活动安排、领导团队组织并实施计划。并且为鼓励成员们积极承担，活动策划也作为星级评定中的一项重要标准。

4.1.4 树立典型

1. 名师工作室典型

信息技术丁玉海名师工作室在加快教师专业发展中作为有代表性的样本脱颖而出，发挥了辐射和引领作用，帮助优秀教师实现专业发展。信息技术丁玉海名师工作室是一个以探索信息技术与教育教学融合创新为目标的教师发展共同体，以邯郸市信息技术名师工作室为基础，目前已经面向全国，正逐渐成为全国范围内有一定影响力的教师发展共同体，成为河北乃至全国教育界响亮的品牌工作室。在 2022 年邯郸市名师工作室年终汇报中，工作室主持人丁玉海老师作为代表作年终汇报，根据评价考核评分结果，信息技术丁玉海名师工作室

---

① 郭凯. 教师领导力：理解与启示［J］. 课程·教材·教法，2011（6）：107-112.

成绩排名第三，树立了名师工作室的优秀典型，如表 4-6 为 2022 年邯郸市部分名师工作室汇报分数详情。

表 4-6　2022 年邯郸市名师工作室年度汇报分数（部分）

序号	工作室名称	公众号得分	承担教师处工作得分	日常总分占 70%	展示得分占 30%	总分	排序
13	陶××	58	0	58	93.8	68.74	1
29	刘××	51	6	57	93.6	67.98	2
24	丁玉海	37	12	49	97.6	63.58	3
43	潘××	51	0	51	92.0	63.30	4
11	徐××	49	0	49	91.4	61.72	5
32	曹××	36	10	46	93.6	60.28	6
38	张××	37	8	45	91.6	58.98	7
19	荆××	46	0	46	88.4	58.72	8
40	张××	45	0	45	87.4	57.72	9
42	高××	43	0	43	91.2	57.46	10
8	李××	42	0	42	88.4	55.92	11
34	孙××	34	6	40	92.8	55.84	12
37	武××	42	0	42	87.6	55.68	13
26	刘××	36	4	40	91.4	55.42	14
1	景××	38	2	40	88.6	54.58	15
16	杜××	36	2	38	93.0	54.50	16
2	段××	37	0	37	93.4	53.92	17
36	刘××	39	0	39	88.4	53.82	18
33	冀××	38	0	38	90.0	53.60	19

信息技术丁玉海名师工作室在建设发展过程中不断扩大自己的影响力，吸引了各地区、各学段、各学科的教师加入，如今已成为全国范围内有一定影响力的教师发展共同体。在多种辐射方案的实施中，通过线上线下的不同途径的宣传辐射，名师工作室将自身影响力不断提升，如线上多种资源课程等成果的

发布、线下辐射活动的开展，都在一定程度提升了工作室的影响力。为进一步发挥平台作用，为名师工作室提供展示、学习和交流的平台，学科网平台发起了全国卓越名师工作室评选。在评选中，丁玉海名师工作室从全国参与评选的309个名师工作室中脱颖而出，被评为“最具影响力名师工作室”之一。

图 4-4　工作室被学科网评为“最具影响力名师工作室”

2. 成员发展典型

信息技术丁玉海名师工作室不止其本身是优秀的发展典型，工作室的部分成员也是发展的优秀典型。

一方面，优秀的工作室成员是优秀的引领者。事实上，工作室不止主持人是引领者，其成员教师也是引领者。名师工作室的组建是要带动所在区域教师的专业发展，提高区域教育的质量水平，而辐射带领区域教师成长的任务需要通过工作室的成员去完成，因此在工作室成员辐射其他教师的过程中成员扮演的是引领者的角色。丁玉海名师工作室中的成员在加入工作室之前已经是所在地的骨干教师、优秀代表。他们自身具备很强的专业发展自主意识、合作意识。教师学习的主动性和学习能力很强，在通过工作室研修学习后，树立了成员发展为名师的典型，成为真正的名师。如有 11 位工作室成员以丁玉海名师工作室为根基“开枝散叶”，成室立户，成为当地名师工作室主持人，见表 4-7。

表 4-7　工作室成员成立的名师工作室

姓名	工作室名称
陈艳玲	临漳县信息技术陈艳玲名师工作室
付鑫鑫	小学语文付鑫鑫名师工作室
纪艳芳	魏县中小学信息技术工作室
刘文霞	邯郸市小学英语刘文霞名师工作室
贾进珠	太原市贾进珠名师工作室
杨向勇	邯郸市职工创新工作室
邱柏林	邱柏林信息技术名师工作室
李慧婕	榆次区中小学信息科技工作室
李胜辉	固安县初中英语名师李胜辉工作室
吴　乐	襄都区小学英语吴乐名师工作室
葛丽亚	襄都区教师数字化素养发展葛丽亚名师工作室

另一方面，许多成员是个人专业成长发展的优秀典型。名师工作室为教师的发展提供了专业的成长平台，信息技术丁玉海名师工作室的很多成员教师在

工作室研修期间都获得了一定的荣誉称号，如在北京师范大学天津生态城附属学校教师微能力点作业评审中，多位成员教师评审专家支持学校能力提升工程2.0区级校本研修示范申报工作。此外，工作室运行以来，出现许多优秀的成员教师发展典型，如工作室成员王爱霞、吴琳、韩静芳、纪艳芳、徐俊华等教师通过了2022年河北省骨干教师认定。

4.2 名师工作室建设困境

名师工作室充分发挥了名师在教师专业成长中的辐射、引领和示范作用，不但为教师自身专业发展提供了科研、实践、学习平台，而且实现了名师资源的区域共享。① 丁玉海名师工作室在开展的六年的建设中取得了丰硕的成果，然而在取得成就的同时也遇到了一些困境。

4.2.1 工学时间矛盾问题突出

作为工作室成员和学校中的一线教师，工作室许多成员会出现工学时间冲突的问题，在工作和研修学习间产生矛盾，不免会对成员及工作室发展造成影响，这是工作室的建设发展中不可忽视的问题。

1. 任务冲突

参加名师工作室研修的教师兼具工作室成员与所在学校教师的双重身份，能够进入到工作室的老师都是自身能力较强的教师，有的甚至是本单位专业骨干教师，承担着极为繁重的教学任务、学校管理任务和其他相关任务。甚至有些成员作为主持人在管理着另一个名师工作室，来自多方的工作学习任务需要成员有极强的时间管理能力。成员在其自身工作单位的工作任务已经较为繁重，若成员不能较好地平衡本单位的工作与名师工作室之间的关系，极易带来工学矛盾冲突问题。

---

① 韩爽．以教师专业发展为指向的名师工作室运行研究：以吉林省中小学名师工作室为个案［D］．东北师范大学，2015：102.

2. 活动参与受限

成员工学时间的矛盾首先会影响的就是成员研修的时间，若成员在工作室学习的时间受到压缩，则成员对工作室活动的参与就会受到限制。在提到这个问题时，付卫民老师谈道："可能我时间分配的话还是有点不够合理吧！有些时候比较忙，没有认真去学习，有很多东西没有学到。有时工作很忙，一些会议有点赶不上。因为我是教高中的，基本上一个星期有三天都是有晚休，很多会议就没办法准时参加。有的会议就稍微听一下，也不能说话，所以可能有些东西还是没有学到。"此外罗桂丽老师也曾有这方面的困扰："现在的会越来越多，加上工作也有点忙，以至于我会经常忘掉这些会，我也是能参加的尽量都参加，因为毕竟单位的工作也特别的多，很长一段时间里，尤其是去年和今年上半年，学校有很繁重的工作，然后我还需要要到外地去参加一些讲座，会很累，很长一段时间调整不过来，影响到自己本职工作，但是慢慢地后来也调整过来。"成员在时间的冲突或者心理上等原因会影响其在工作室的研修活动的参与，进而影响成员的研修成效。

3. 进退频繁

充裕的时间能够保证工作室成员共同参与集体的活动，由于成员自身繁重的任务，成员如果不能较好地平衡两者，导致研修时间得不到充分保证，出现了工学时间冲突问题。这些问题可能会导致一些成员进而选择退出工作室，甚至造成了有人反复进出工作室的情况。工作室现在已有数人是在选择退出工作室后第二次加入工作室。他们认为在工作室的学习有必要，但是当自身时间不能支持其在工作室的学习时退出了工作室，当后来再有机会加入工作室时又积极申请选择加入，这种现象一定程度上影响了工作室的稳定运行。

因此，对于工作室一些成员来说，研修时间冲突，要确保足够的研修时间和高质量地完成研修任务存在一定的挑战和困难，成为影响工作室建设和发展的问题。

4.2.2　考核方案评价方式局限

工作室的考核与评价是判断与考核工作室成员学习状态的关键方式。在对信息技术丁玉海名师工作室的观察与工作室成员的访谈中发现，工作室虽然设置了不同类型的考核方案，但对成员的考核及淘汰上，工作室仍选用统一的标准来进行。

1. 考核方案受限

名师工作室是新兴的教师专业发展模式，其要想发展成为一种稳定的、长期有效的模式必须接受考核评价，正如加德纳所说："至始至今我都坚信对教育发展最可靠的手段就是评价。"丁玉海名师工作室针对其内部有一套严格的考核评价方式，对成员的成长起到一定的监督和促进作用。但是考核评价方式对工作室的所有成员是较为统一的标准，评价考核方式作用于工作室的每位成员，在一定程度具有局限性。实际上，工作室的成员基础能力不同、研修时间长短不一，其自身也在不断发展，不同成员间的差距较大。这导致丁玉海名师工作室在对成员考核评价的过程中，经常出现这样的状况：有的成员教师早已按时达标甚至超标完成任务，但同时也有成员却不能按时按量完成工作室的研修任务，被多次催促，甚至为此不得不退出工作室。

2. 淘汰机制单一

对所有成员统一的考核方式、对不同的成员采用同样的淘汰机制，一定程度上就造成了工作室成员流动性大的问题。如在谈及工作室考核的淘汰机制时工作室核心成员蒋海东老师提出建议："现在的任务可能太多了，很多人承受不起，由于能力限制或者是精力有限，做微课不能要求太高，咱们不是微课竞赛，针对不同的老师能不能分层要求？比如王成财老师，一位 56 岁的老教师，只要能做就够了，他还是一位很要强的老师，自我要求很高，宽松一些能够更长久。针对学生我们能分层要求，老师也同样成立，弓太满易折，难得糊涂也是一种策略，给一个够得着的目标，审核应该更人性化。"工作室在具体考核评价中考虑不同成员的研修状况，需要考虑尊重不同工作室成员的合理需求，以更为人性化的淘汰标准来约束和激励成员。

4.2.3 个别成员发展意识薄弱

自身强烈的发展意识是成员能够持续学习、不断进步的重要因素，同时也是工作室可以冲破困境、不断发展的动力。在对信息技术丁玉海名师工作室的观察与工作室成员的访谈中发现，工作室存在个别成员发展意识薄弱的现象。

1. 参加工作室目的功利性

加入名师工作室是教师的主观意愿，有少数教师参加工作室可能存在功利性目的，其发展的愿景和动力并不明显。工作室是教师自发形成的学习共同体，工作室的管理方式不会存在强制或者强迫的因素，工作室成员的自我成长更多的是依靠成员自身的发展意识。在访谈中，G老师也说道：“其实工作室有很多人后期是‘躺平’的，在工作室几乎每天都有任务，天天可能都有活，所以很多人其实后来觉得麻烦就退出了。还有的人加入工作室是基于某种目的性，比较功利性的，当加入丁玉海名师工作室了，利用工作室的资源帮助自己达成目标后就可能选择‘躺平’了。”

2. 活跃成员单一，任务完成消极

成员在工作室的研修学习是一个自主的过程，在对工作室研修过程的观察中发现，工作室活跃的成员比较单一，在工作室群聊中积极发言、参与工作室活动安排的成员经常是一些熟悉的面孔，有个别成员长时间不参加工作室的集体活动，如在每周的工作室读书会活动中，在发言环节中经常看到葛丽亚、吴琳等成员教师的身影，其他成员则很少主动参与发言，甚至有些成员一个月都不曾参与读书会活动。此外，工作室要求成员每月需要完成两节极简技术微课的制作任务，但在每次数据统计时均会出现成员不能及时完成的情况，甚至多次提醒也仍然不能完成。这都体现出工作室存在成员缺乏自主性，发展意识薄弱的现象。谈及一些成员不能按时完成工作室的常规任务微课的制作时，丁玉海也说道：“原本这应该是一种自循环。微课本身的制作不一定是能力问题，如果想有好的微课输出，那就是要学习、思考，该动的脑筋还是要动的。自己的成长，别人没有包办的义务，只能是互相提醒，多次提醒也很难做到的，这就是自己的意识问题。”

3. 部分核心成员懈怠

工作室有着严明的组织结构，在管理与发展上，有小组管理及项目式研修的模式推进着工作室的建设运行。小组组长及项目组长则成为工作室的核心成员，其在推动工作室向前进步和有效建设中发挥着至关重要的作用。工作室的不断发展不仅需要主持人的引领，同时也离不开核心成员主动的引领和对工作室项目发展的推进与创造。在对工作室的观察及与工作室主持人丁玉海老师访谈中却发现工作室有些核心成员也出现了懈怠的迹象，是工作室主持人推着往前走，没有体现出该有的主动性及创造性。核心成员的懈怠并不是不完成研修任务或消极处理问题，而是没有主动地承担起小组长或项目组长应有的引领的责任、不积极探寻建设方法，从而制约着工作室各小组的成长、项目组的持续发展。工作室核心成员应更加具有主人翁意识，不应只是按部就班地展开工作，而需要不断思考创新、主动寻求发展的新思路。

实际上，在工作室的研修过程中，只有每位成员自身有强烈的发展意识，才能真正取得进步、得到发展，也能更好地投身于工作室的整体目标运行中去。加入工作室的教师成员虽然都是实际教学工作中表现突出的优秀教师，但也易在工作枯燥忙碌与工作室的研修学习中产生倦怠感，这不利于成员自身及工作室整体的发展。

4.2.4 技术教学融合深度不够

作为信息技术名师工作室，丁玉海名师工作室不同于其他工作室的特征之一就是要做到将技术与教育教学的创新融合，但在实际的融合过程中，丁玉海名师工作室时而也走进了一些误区，在技术与教学融合上存在着不足。

1. “技术＋教学”的融合误区

信息技术与教学融合在我国现代化教育模式中具有重要的地位。教师应该明确认识到，信息技术学科与学科的融合不但可以丰富课堂教学的表现形式，实现教学形式的多元化，而且可以有效吸引学生的注意力，培养学生对学习的兴趣，实现信息技术的具体实践，同时也强化学生对信息技术重要性的认识。在信息化时代，成员教师不仅要掌握信息技术的相关理论知识，掌握必要的信息技术应用技能，还要熟练运用教学教具对数据进行收集、处理和分析，从中挖掘出有价值的信息资源。信息技术丁玉海名师工作室一直都在推进技术赋能教学教育，在促进技术与学科融合方面也已有一定成效，但要更好地促进教学，不是简单的“技术＋教学”就是技术与教学融合。在工作室的研修内容上，有时会较为侧重技术本身的使用与学习。如在工作室研修，有些教师过于侧重技术的作用，忽略与教学的深度融合。

2. 技术与教学融合项目缺乏创新性

信息技术丁玉海名师工作室设置了独特的项目组模式，通过多种项目促进成员的多方位发展，加深技术与教学融合的深度，但这需要工作室项目组充分发挥主动性和创新性，在和工作室主持人丁玉海老师交流时他提到，工作室项目组还是缺乏一定的创新性，项目组的创新性不足势必会影响对技术与教学的融合。对学生的要求是具有信息素养的适应发展的全方位人才，要以学生的信息素养提高为根本，在媒体技术大量运用于课堂的环境下，要提高老师将信息技术融合于课堂教学的广泛性和实效性。当前教师们都认识到信息技术与学科融合的重要性，但是在实际课堂中，部分教师的教学还是信息技术手段利用得不够充分，或是只是为了应用技术而用技术，这都是因为技术与学科的融合深度不够，作为具有代表性信息技术名师工作室，在促进技术与学科融合的路上还需继续深入探索，在促进信息技术与各学科的融合仍然任重道远。

4.2.5　研究项目理论支持不足

教师教育研究的不断深化是确保教育持续推进的必要前提与基本保障，这要求教师教育研究本身更须具备深厚的理论根基和强力的实践引领。① 教师不仅要注重教学实践，也要做教育教学的研究者，处在名师工作室的成员教师更是如此。然而，作为日渐发展成熟的名师工作室，信息技术丁玉海名师工作室在其发展过程中虽然取得了不俗的成绩，但丁玉海名师工作室的理论研究仍需加强。

1. 论文发表成果较少

在信息技术丁玉海名师工作室的研修中，工作室开展项目丰富多样，但有些研修项目研究深度不足，呈现出教学情境性取向的实践风格，缺乏深入的理论探究，在一定程度上造成理论研究深度不足的问题，教育研究成果较少。工作室成员大都为一线教师，在日常工作中会更加注重实际的教学，在教育教学理论研究上较为缺乏，论文发表次数较为有限，如在 2022 年度，工作室成员总计发表论文只有 10 篇。

---

①　杨晓奇．教师教育研究的理论自觉及其提升［J］．高校教育管理，2018，12（4）：95-102.

2. 课题成果研究待加强

教育科研课题是教师立足教育教学现状，聚焦关键问题而确定研究的课题，通过课题研究解决实际问题。丁玉海名师工作室成立了课题研究方法与指导研修项目组，为教师的课题研究提供支撑，但在实际的实施上并未发挥理想的作用。相较于论文发表来看，工作室在2022年度的课题成果较为丰富，其中课题立项21项、结项16项。但在2022年度工作室成员人数始终为130＋的情况下，其中，有工作室官方成员参与的结项课题2项、立项课题1项，课题成果仍显不足。教师在提升自身教育教学实践能力的基础上同样要注重对教育教学的理论性研究，教师根据自己制定的发展规划，不仅要提升教育、教学水平，也要增强科研意识，不断提高理论水平、研究能力，形成具有个人特色的育人理念和科研成果，这样才能更好地发挥自身的专业知识和能力，通过教育理论锻炼自身的素质。因此，信息技术丁玉海名师工作室在理论性研究上仍然需要注重和加强。

4.3 本章小结

信息技术丁玉海名师工作室自运行以来，在打造与发展一批优秀名师、培养优秀教育教学人才成长等方面取得了丰硕的成果和一定的建设成效。不仅包括丰富多样的内容成果，形成了工作室专属的资源库，还实现了作为名师工作室要达到的辐射宣传作用。同时，作为教师成长发展共同体，工作室在促进成员成长和提升方面也有不俗的成效。作为影响力较大的名师工作室，其建设过程也为其他工作室及成员发展树立了范本，一定程度上成为了典型。

然而，在取得成就的同时，名师工作室在建设运行的过程中面临的困境与问题同样值得关注。在研修时间上，工作室成员工作与研修学习时间矛盾问题突出，是工作室成员成长的一大阻碍；在研修评价上，工作室对所有成员采用统一考核及淘汰标准，对差距较大的成员间的评估与考核就造成一定困扰；在研修发展上，存在工作室内个别成员发展意识薄弱的现象；在研修内容方面，作为信息技术名师工作室，技术与学科的融合深度需进一步加深；在研修成果方面，丁玉海名师工作室在研修项目上存在研究深度不足的情况。

此外，对工作室的建设成效与困境梳理有利于对信息技术丁玉海名师工作室的全面了解，目的是通过对名师工作室建设的特点与问题的分析，为找出行之有效的信息技术名师工作室的建设路径研究提供依据，以期帮助名师工作室更好的建设与发展。

第五章　凝通用方法
——名师工作室萃取经验成果

通过对信息技术丁玉海名师工作室的建设路径的观察与研究，结合其在建设中遇到的困境，本章从建设的多方面入手，总结出信息技术名师工作室的建设框架，提出促进信息技术名师工作室发展的建设策略。

5.1　建设框架

综合研究，本章构建出信息技术名师工作室的建设框架，如图 5-1。作为以信息化教育教学研究与应用为核心，探索基于信息技术的教科研新模式的学习共同体，信息技术名师工作室要做技术应用的实践者，要更加深刻意识到信息技术名师工作室所处的信息化环境，充分发挥信息技术对工作室的支撑作用。工作室应由技术与教育理论主持人的引领、相关专家指导，在逐步建设中确定目标与规划，科学拟定工作室的管理制度，同时在工作室研修内容、资源建设、成长路径、辐射影响方面加强工作室建设。

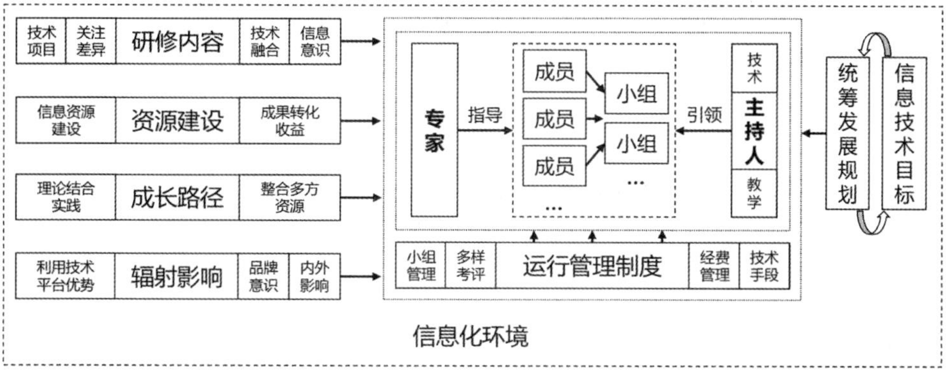

图 5-1　信息技术名师工作室运行框架

5.2　迭代更新成长目标，统筹工作发展规划

信息技术名师工作室是以教师为主体的学习共同体，其建设与运行离不开符合实际情况的发展目标与规划，在目标的设置与规划的指定时也要不同于其他学科的名师工作室，应充分体现信息技术的学科特色。以目标为基础、规划为蓝图，促进信息技术名师工作室的建设与发展。

5.2.1　动态修订发展目标

明确的发展方向，是工作室引导成员开展高效研究的永不枯竭的动力，对工作室的长远高效发展有着不容忽视的影响。但确定工作室自身的发展目标不是一蹴而就的，需要多阶段地探索和修正。在制定工作室的目标时，不同的阶段要对工作室自身有较为清晰的定位，也要结合工作室实际与政策要求，信息技术名师工作室要有针对性地制定出合理、明确的工作室发展规划，落实教育部发布的能力提升工程 2.0 的要求，将提升教师信息技术应用能力、建设创新型教师队伍作为发展目标。目标的明确要求工作室知道自身要成为怎样的存在，深入理解名师工作室所应承担、所能承担的培养任务和功能，合理凝练工作室的目标。[①] 教育行政部门要更多地尊重工作室的自主权，让主持人的主观能动性得到充分的发挥，让每个工作室可以根据自己的专业优势，着重自己的工作重点。

5.2.2 清晰统筹发展规划

规划一定程度上是对目标的执行脚本，清晰的目标为规划的指定奠定了基础。名师工作室可以将年度阶段目标进行细化，如第二届信息技术丁玉海名师工作室在成立时，就制定了三年研修计划，对工作室发展各阶段应做的工作与任务有了详细规划。在工作规划的制定上，要充分统筹考虑工作室发展各方面，准确定位工作室及成员的目标，制定相应的发展规划，使每个教师都成为自己工作的领导者。每位成员也应明确规划个人的发展，有明确的目标与规划及清晰的发展方向。引导全体成员以规划促建设，这能有效改善成员发展意识薄弱的困境。让成员做出发展规划、确定具体行动策略，这也是工作室建设和发展拥有较强生命力的根本。

此外，美国著名管理学家彼得·圣吉认为，“共同愿景对学习型组织是至关重要的，因为它为学习提供了焦点与能量”[②]。所以，要让教师学习者知道为什么要建设教师学习共同体，也要有共同的发展理念，正如信息技术丁玉海名师工作室遵循的“因为有情怀，所以一起来”的发展理念，是教师不断坚持发展的动力源泉。

5.3 科学拟定管理制度，有效推动发展运行

科学合理的管理制度，能为名师工作室的有效运行提供有力保证。[③] 在促进工作室建设发展中，不光需要宽松浓厚的学习氛围，也需要制度的约束，对组织成员起到行为规范的作用。

---

① 齐爽．强化省级“双师型”名师工作室引领功能的实践与探索：以广东省为例［J］．职业技术教育，2022，43（17）：57-62.

② 彼得·圣吉．第五项修炼：学习型组织的艺术和实务［M］．郭进隆译．上海：生活·读书·新知三联书店，1994.

③ 蔡继明．制度约束与人文精神的结合［J］．经济与管理，2012（4）：97.

5.3.1　规范制度流程，完善运行机制

组织中的制度能够把控组织和团队朝既定的方向发展，合理科学的制度会让工作室的发展更有动力。因此组织中需要全面考虑制度的建设的完整性，如学习制度、工作规定、活动的基本规范、准入、考核等等内容，对学习提出要求，进行规范、检查、考核，将学习工作化。在进行制度建设时，需要有预见意识，对可能发生的问题提前做好规定，以便在实际情况发生时，可以根据实际情况进行总结，并根据实际情况对规章制度进行修改，以确保规章制度的实效性，并逐步完善已有的规章制度和不断创建新的规则，以满足工作室运行时的不同需求。此外，要用系统的观点看待组织发展，掌握事件的全貌，培养纵观全局的思考能力，以确保管理过程的有效实施，提高工作室整体运营效果，并应充分利用技术手段，高效执行已形成的规章制度，让整个过程更加高效。

5.3.2　契合成员情况，开展多样考评

名师工作室的考评制度的确立要充分考虑到教师的自身情况，不能局限地设置考评标准。来自工作室的成员可能会有着不同的教育背景，可能会来自不同的学校、不同的岗位。在实际考评时，要以灵活、多层次的视角对工作室研修情况进行考量，特别是研修成效，要多方面综合评价成员的研修情况，并按照合理有效的方式进行考评。同时要关注和监控成员的成长发展意识，可以将工作室的考核分布在日常的研修中，如通过周考核、月考核、季度考核与年终考核，密切关注每个阶段每个成员的发展，关注成员“在状态”、不懈怠。每位成员都是独立的个体，工作室也可通过技术的手段为成员建立自己的成长积分系统，正如信息技术丁玉海名师工作室所建立的成长积分制，把成长过程量化也是衡量成员发展的有效方式。个体通过自我意识来认识和调节自己的思想行为，以满足自身的需求和实现其发展目标。这种自我意识可以帮助帮助个体更好地适应环境，以获得个体的发展。成员的成长时工作室的发展基础，要以其主观能动性为内驱力，激发其自我觉醒。①

---

①　李方安．论教师自我发展［J］．教育研究，2015（4）：94-99.

5.3.3 科学管理经费，完善激励机制

作为教育官方部门设立的教师组织，工作室会获得一定的经费支持；同时，在建设运行过程中，工作室可能开展一些有收益的活动或项目，从而为工作室获得资金和资源，为工作室的发展和建设提供了足够的保证和充沛的活力。因此，在工作室经费的管理上，要确立相应的保障制度。工作室应该建立完善的预算管理机制，对经费的申请、使用以及结算进行有效的监督，同时加强对经费使用的审核，确保经费的透明管理和科学管理。

在工作室经费保障的基础上，工作室也可以制定有效的激励机制。以成员在工作室的表现、研修工作的成果为依据，对成员所做的工作进行认可，给予一定的物质和精神上的奖励，如丁玉海名师工作室在经费管理上，会将工作室参与各项活动获得的一部分收入用于为成员提供奖品奖励。在具体的奖励上，如工作室可对在课程教学、科研成果、平时考勤等方面表现特别突出的学员给予适当荣誉奖励。激励方式可多样化，除了以荣誉奖励外，还可以给予活动参与的自主权、外出学习的机会等。激励机制应是多元化的，满足教师实际需要，并能真正落实到位的。

5.3.4 善用技术工具，优化管理效能

作为信息技术名师工作室，工作室及成员应善于使用各类信息技术工具支持工作室的管理，通过技术工具解决日常生活工作中的问题。如通过微信群和视频会议的方式，与团队成员交流互动，指导工作室开展工作；通过网络平台在线上开展工作室的各种研修活动，完成研修任务；使用技术工具辅助工作室资源管理及成员管理。同时，信息技术名师工作室也可以合理运用网络平台载体，在相应的工作室媒体账号上发布内容，宣传工作室工作成果、更新工作动态。

5.4 复合名师主持引领，高校专家指导把关

信息技术名师工作室充分发挥主持人的引领作用，同时也可以争取和高校

专家合作，争取充分发挥名师效应，为工作室建设发展群策群力。

5.4.1　信息技术名师引领

主持人的引领作用是整个工作室能够发展的核心，只有在主持人的有效引领下，成员才能够发展，工作室才会实现高效运行。作为信息技术名师工作室的领头人，主持人除了要掌握扎实的教育教学基本理论，更要具备丰富的信息技术技术理论知识和实践能力，应在信息技术与教学融合方面有其独到的见解和经历。如信息技术丁玉海名师工作室主持人丁玉海老师不仅在多年的教育工作中积累了教育教学经验，也有着信息技术应用能力提升工程授课专家、中国信息协会教育分会在线教育专家委员会委员等多重身份，在信息技术领域耕耘多年，深谙信息技术与学科融合，这是他主持信息技术名师工作室的坚实基础。

5.4.2　挖掘专家资源指导

信息技术名师工作室的发展视野不应只局限于工作室自身，更要积极拓展名师工作室的边界。工作室可以沟通吸引高水平的专业人士加入支持，从而向更高的层次迈进。高校的专家具有先进的教育理念、扎实的理论基础，在信息技术与教学融合创新上有更为专业的视角。将他们融入工作室中，在专业性的内容和活动中给予建议和指导，能够为工作室提供新视角。因此，信息技术名师工作室要挖掘外部专家资源，不仅是教育教学领域的专业，也应包括其他技术类专家。组建专家指导团队，让专业的研究者和专家对名师工作室进行理论指导和学术引领。

5.5　多元项目成果驱动，扩展成员研修内容

工作室的发展离不开成员的研修学习，在工作室的建设运行中可以设置不同项目，从不同角度确定工作室的研修内容、创设多元的信息技术研修项目，扩展成员的研修方向，促进成员的信息技术应用能力，提升成员的信息素养。

5.5.1 以项目驱动研修

项目学习是近年来备受瞩目的一种经典的深度学习模式，其基于杜威“做中学”的教育理念，注重与现实生活相结合，以启发式提问来激发学生的学习兴趣，引导他们的学习行为，使他们能够综合应用交叉学科的知识来解决问题，注重对他们的合作探索意识和实践能力的培养。事实上，项目式学习不仅是学生学习的有效方式，在教师的研修中同样可以发挥重要的作用。工作室应在活动内容和形式上有所突破，在研修内容的设置上聚焦融入计算思维和工程思维的项目式学习，采取“项目驱动”方法激发学员参与工作室建设的积极性。

5.5.2 关注成员差异性

名师工作室要充分发挥名师效应，将名师的资源和经验在成员中进行分享，为成员们提供更多的学习机会，提供更加专业、高效的研修平台，使成员们获得更多的知识和技能。信息技术名师工作室的研修内容要充分考虑到教师的自身情况，工作室的成员可能会来自不同的学校和岗位，有着不同的教育背景，其自身擅长和兴趣点也会有差异。根据成员的特长优势进行分工，顺应成员的不同特点，充分发挥工作室成员的能力和才华，创设适合不同成员风格的项目内容，通过不同的方式促进成员成长，提升团队成员的自我效能感和职业认同感，使工作室成为有别于常态研究的新高地。

5.5.3 促进技术与教育融合

作为信息技术名师工作室，工作室应从信息技术的多角度设置多元的项目任务，不仅要有信息技术与信息科技学科本身的研修内容，促进信息科技学科教师的专业发展，也应依托信息技术工作室的技术优势，扩宽与信息技术相关的研修内容，设置教学信息技术与各学科融合的项目内容。同时，多元的项目研修内容能让成员能有个性化的选择，以项目驱动成员的研修，促使更多教师获得成长与发展。如信息技术丁玉海名师工作室设置了20个不同主题方向的项目组，其中就有“新媒体新技术项目组”“数字化素养项目组”等项目组。同时，在探寻技术与教育融合的过程中要注意甄别融合陷阱，要摒弃“技术＋教学”就是技术与教学融合的观念。技术与教育的融合不是简单地将技术叠加在教学中，而是要追求技术与教学的深度融合，通过深度挖掘技术的应用潜力，才能更好地为教学赋能，同时也要聚焦信息技术与教育教学的融合创新，利用新技术的优势实现更多新的理念和模式。

5.5.4 树立数字意识，顺应时代要求

工作室研修项目与内容的设置确定，应充分考虑满足实际信息技术教学需求，并不断创新寻求持续发展。既要关注教学中的实际需求，贴合教学实际，服务教学要求。同时要关注教育政策，顺从教育时代发展要求。工作室应及时关注信息技术教学相关新动态，解读《中小学教师信息化教育教学能力发展框架》《义务教育信息科技课程标准》《教育信息化 2.0 行动计划》等政策文件要求，从而指导工作室应如何开展研修、设置研修内容。信息技术名师工作室要时刻契合信息时代的教育背景，做信息化教育的先锋，从不同的项目中侧重多方面的学习与分工。在信息技术名师工作室中，尤其是工作室主持人及核心成员，要积极发挥主动性与创造性，根据实际情况积极创新想法，寻求信息技术创新融合，信息技术名师工作室才能持续不断的发展。

5.6 建设课程资源成果，提升教师信息素养

顺应信息时代的发展要求，及时更新自身的知识结构，提升自身的信息素养，是广大信息技术教师面前的重要议题。而信息技术名师工作室不只是工作室成员学习和发展的研修平台，更是提升教师信息素养、形成信息资源成果的培养皿。

5.6.1 产出驱动成员信息资源建设

成果资源的产出也是激励成员不断学习、不断探索的过程。信息技术名师工作室的建设需要工作室成员克服各种困难和挑战，将所学所研吸收外化，形成高质量的信息资源成果。在优质的网络环境下，教师可通过多种途径获取教学资源，实现自我提升。这为工作室不断建设和发掘各类教学信息资源提供了

强大动力。成员学员有个人学习空间，在资源生成、信息交流、成果展示等混合研修中整合资源，聚合在工作室空间，形成工作室自身独特的资源成果库。如信息技术丁玉海名师工作室成员在研修过程输出的内容成果，包括各类极简技术微课、能力提升工程 2.0 课程案例等组成了工作室独特信息资源内容。

信息技术应用技能、信息化教学能力等信息素养是当今教师的必备能力，作为信息技术名师工作室，助力提升教师信息素养一定程度上是其承担的义务，信息资源的建设即是提升教师信息素养的重要途径之一。一方面，成员教师在研修中生成与建设信息资源的过程是自身信息素养的提升过程；另一方面，信息成果建设的本身也是为提升工作室外教师的信息素养发挥影响。

5.6.2 成果转化收益，提供持续动力

在实际的研修中，工作室可以以研修活动为依托开展一些有偿的项目或活动，发挥自身信息技术优势，关注信息化教育资源建设，提升教师的信息技术应用能力。在新教材的应用研究中，开发与教材配套的系列教学设计、教学视频及拓展的创新课程，推动项目式教学在多领域的应用，引领创新教育的方向。高质量的研修成果以有偿的方式提供给广大教师，会促使成果质量更加得到重视，但是同时要保证工作室的任何收费性活动项目均不是以盈利为主要目的的。通过将一定的研修成果合理地转化为收益，一方面要求工作室成员的成果质量要达到较高的标准，另一方面获得的收益是对工作室整体及成员的激励，保障工作室经费的支撑，从而为工作室的发展提供持续性动力。

5.7 拓宽成员发展渠道，丰富教师成长路径

名师工作室研修不仅包括理论方面的学习，还涉及将理论知识熟练运用于实践教育教学活动中，并在此基础上，以培养成员具有一定的教科研能力为目标，展开深入的研究和探索。工作室要拓宽成员的发展渠道，以多样的途径助力成员教师的不断成长。

5.7.1　理论与实践结合

在对名师工作室的研究方向和研究课题进行确定的时候，应该立足于课堂的教学实践，在向成员引入高度抽象的理论知识的时候，应该辅以生动、贴切的教学案例，以提高学员的知识内化程度；也应树立“问题即课题、工作即研究、教师即专家以及效果即成果”的教学理念，将工作室实际工作的内容及教学实践转化为理论研究成果，以促进团队教师科研能力和科研水平的逐步提升。为工作室提供扎实的专业知识理论资源，工作室可以邀请高校的老师在活动任务的前期准备阶段对工作室进行指导并参与活动，集思广益；也可以通过开展读书会交流心得，工作室成员可有选择性地参加诸多活动，提高知识储备，拓展知识面，加强研究深度。将成员教师的个人优势和研究专长相结合，对任务进行科学合理地划分，并对其进行指导，对其进行子课题的探索实践，提高成员教师的教育教学能力和教育科研能力，进而持续提高课题研究的理论深度与实践广度，将工作室变成学校骨干教师的培养地。

5.7.2　整合多方资源，满足成员需求

工作室整合多方优势资源，合理引导，助力成员成长，满足成员的个体发展需求，实现团队成员互帮互助的良好局面，促进工作室成员共同进步。信息技术名师工作室可以定期开设与信息技术相关的主题讲座、培训课程、经验交流、学习调研等多种形式的活动，汇聚多种教学资源与经验知识，全方位提高成员教师的业务能力和科研能力。工作室建设不能囿于工作室内容领衔人与成员之间学习交流，需要在更大范围、更高平台进行学习交流，以开阔视野，更新观念。同时邀请相关专家对工作室的学习进行指导，以更专业的视角来为工作室的发展保驾护航，充分满足工作室及成员的需求。开展“联合工作室”的研修活动，寻求相互合作的联动机制，积极寻求其他名师工作室成员对工作室研修活动的支持，联合开展研修活动，为工作室成员的学习拓展空间。

5.7.3　营造和谐融洽的团队氛围

在工作室的建设中，应当营造一种相互开放、信赖、支援性的团队文化，

使得工作室的成员个体充分明确他们在工作室整个活动中的贡献，无论大小，都是独特的、是合作性的努力中不可分割的一部分，并且相信所有个体的贡献都能够被平等的对待。① 工作室成员间的交流可能会受到时间和空间的限制，工作室要合理通过技术网络工具促进成员间的积极交流与沟通，以更丰富的路径助力成员，改善成员发展意识薄弱的问题。

5.8 借力机构平台优势，拓展名师内外影响

名师工作室要通过集结名师，争取充分发挥名师效应，不仅要利用名师资源为成员提供研修平台，更要发挥工作室及成员的辐射作用，提升工作室的影响力。工作室的影响力需要工作室成员群策群力，并在日积月累中逐步扩大。

5.8.1 发挥与技术平台合作优势

处于当下信息时代，互联网已经渗透到社会的方方面面，特别是组织运行方式。信息技术名师工作室更是要充分利用网络技术平台优势，扩大工作室的影响。其中包括各种媒体网络平台，如前文提到信息技术丁玉海名师工作室微信公众号、UMU 学习平台、抖音短视频等相关网络平台机构，以及希沃学苑、鸿合等教师教育在线平台。一方面，这些技术网络平台为工作室成员提供了多样的展示机会；另一方面，在此类平台本身就有相当大基数的受众，展示成果的同时亦是辐射宣传的时刻。信息技术名师工作室要充分依托信息技术优势，适时寻求网络平台的支持，以此创设工作室研修内容、开展相关研修活动，充分发挥名师工作室影响。

5.8.2 树立名师工作室品牌意识

树立品牌意识，通过打造精品项目提升工作室的社会影响力，进行品牌化运营，推广工作室成果，可以取得更好的宣传效果，扩大名师工作室的社会影响力。工作室相关活动均设计宣传海报，信息技术名师工作室发掘工作室特色，

---

① 饶从满．教师合作：教师发展的一个重要途径［J］．教师教育研究，2007（12）：16.

重视工作室品牌建设，充分利用信息技术手段体现工作室品牌，做好信息化教学示范引领。比如，丁玉海名师工作室设计了 Logo，这种 Logo 不仅是工作室的使命、愿景、价值取向等视觉化的表现，还对工作室的凝聚力、成员的认同与归属感以及工作室的示范性与辐射性起到了很大的影响。

5.8.3 增强团队内部辐射

名师工作室作为研修共同体，每个个体的成长都离不开团队的影响，鼓励成员间互帮互助，共同完成研修任务。除了各类奖项的评选，工作室可以以工作突出、表现优异的学员作为榜样，不仅可以增加学员的成就感，还可以让其他成员感受到榜样的力量，激发其研修热情，积极投身于工作室研修活动中。让学员在自身提高的同时，还能惠及成员所在学校，提高教师的整体水平，增加成员教师的自豪感。组长在日常对本组成员监督管理的过程中，对成员的激励是工作室有效管理不可或缺的调和剂。组长有力的领导，组员努力配合，共同完成任务。

5.8.4 提升名师外界影响

信息技术名师工作室，不仅要发挥内部辐射作用，更重要的是要扩大工作室辐射影响。作为信息技术名师工作室，在“互联网＋”时代要更加充分运用现代信息技术，搭建网络资源共享、交流的平台，组建网络研修共同体，积极发挥名师工作室的名师优势，从点到面辐射更广泛。如信息技术名师工作室可以开设官方公众号、视频号等网络载体，通过在网络上开设账号来创建自己的宣传空间。工作室可通过在网络平台上传发布研修成果、更新研修动态。此外，工作室也要关注每位成员的影响，每位成员均是工作室的宣传者，信息技术发展迅速，工作室亦可积极拓展学习交流平台为成员提供展示空间，提升每位成员的影响力。一定程度上，工作室的影响越大，越会激励其自身更加有效建设，从而提升工作室及名师对外界的影响。

结　语

（一）研究总结

教师队伍的建设是教育工作中的一个重要环节，而信息技术名师工作室作为教师队伍建设中的一个代表性产物，其高质量的建设运行对推动教师成长发挥着重要作用。信息技术丁玉海名师工作室作为邯郸市市级名师工作室及全国性的名师工作室，拥有双重身份的加持。通过对信息技术丁玉海名师工作室建设的研究，探寻信息技术名师工作室持续高效发展的建设策略，为信息技术名师工作室的建设提供参考。同时，信息技术丁玉海名师工作室的个案研究能够丰富名师工作室的建设经验，拓展名师工作室的研究范围和研究内容，促进信息技术名师工作室的进一步发展。

1. 信息技术丁玉海名师工作室的建设路径

采用个案研究法，以信息技术丁玉海名师工作室为个案，通过与丁玉海名师工作室主持人及部分成员的访谈与工作室相关文件的收集，对信息技术丁玉海名师工作室进行整体研究，从工作室发展规划、管理制度、研修机制、名师成长路径、资源建设、辐射方案等方面探析信息技术丁玉海名师工作室保持高质量的建设路径。从目标规划到实施都适切工作室当下的实际状况；在制度上，从成员招募到考核过程均制定严明有效的运行管理制度；工作室以项目驱发展，开设了多个特色专业的项目组促进成员研修；开拓多种成长路径，为成员提供平台、满足成长需求；运行建设中注重工作室成果资源建设；充分利用信息技术工具手段，扩大规模与影响、积极发挥辐射作用。

2. 信息技术丁玉海名师工作室的建设成效及困境

在长期的运行建设中，信息技术丁玉海名师工作室在发展过程中也取得了不俗的成效，可以从内容成果、辐射影响、成员提升、树立典型等方面归纳：在资源成果上开发了其独特的微课课程，产出并汇集多种教育资源，形成了其专属的成果资源库；同时，丁玉海名师工作室在工作室内外均产生了广泛的影响；工作室成员在教学专业理论、信息化教学能力等方面得到了丰富与提升；此外，丁玉海名师工作室树立了名师工作室及成员发展的优秀典型。同时，研究也发现信息技术丁玉海名师工作室在建设过程中存在的不足，包括在工学问题上矛盾问题突出、考核方案评价方式局限、个别成员发展意识薄弱、技术与学科融合深度不够、研究项目理论成果不足的问题。

3. 信息技术名师工作室的建设策略

结合对研究个案信息技术丁玉海名师工作室的综合调查研究，以学习共同体、教师专业发展等理论为基础，从目标规划、制度运行、研修项目与内容、成员发展、技术影响五个方面对信息技术名师工作室的建设提出以下建议：在目标与规划上，迭代信息技术目标，统筹工作发展规划；在管理制度上，科学拟定管理制度，有效推动发展运行；在研修项目及内容上，驱动多元技术项目，扩展成员研修内容；在资源建设上，建设信息资源成果，提升教师信息素养；在成长路径上，拓宽成员发展渠道，丰富教师成长路径；在辐射影响上，依托信息技术优势，发挥名师内外影响。通过探寻信息技术名师工作室持续高效发展的建设策略，为信息技术名师工作室的建设提供参考。

（二）不足与展望

在研究写作过程中，从搜集资料、整理文献、设计访谈提纲到进行研究，对资料的分析再到初稿的形成最终定稿，这一系列的学习过程获益良多，但也有一些不足和局限。由于条件限制研究者未能全程参与到工作室运行当中，对名师工作室的认识主要依靠与工作室主持人及部分成员的交谈，依托已获得的部分资料进行分析以及参加个别活动亲身体验和平时通过微信工作群进行观察，未能作为一个全程参与者真正体验名师工作室，故对名师工作室认识不够深刻。

在今后的研究中，笔者会持续关注名师工作室相关理论与知识。在未来，研究可以从以下方面努力：一是可以覆盖多类别、多学科的名师工作室，融入名师工作室内部，实地调查数据，系统全面掌握相关信息，达到更深入的分析；二是优化调查方法，可以利用量化和质性研究结合的方式更加客观全面地进行深入研究，使调查最优化。

参考文献

外文文献

[1]BOYER E. The Basic School: A Community for Learning. Advance Copy [J]. Princeton Fulfillment Services, 1995:11.

[2]FULLER F. Concerns of Teachers: A Developmental Conceptualization[J]. American Educational Research Journal, 1969, 6(2):207-226.

[3]HATIM B. Teaching and researching translation[M]. London: Routledge, 2014.

[4]HEYDENREICH G. Artistic exchange and experimental variation: studies in the workshop practice of Lucas Cranach the Elder[J]. Routledge, 1998 (Sup1):106-111.

[5]HOWARD D. Individual Houses in Groups: The Pattern Language in a Teaching Studio[J]. Journal of Architectural Education, 2014, 36(3): 14-19.

[6]STORCH H. Cours d′économie politiqueou exposition des principes qui déterminant la prospéritédes nations[M]. Savanna: Saraswati Press, 1823.

[7]SCHOENFELDER E, MCCABE C, FIFE A, et al. Research Brief: The Teen ADHD Workshop to Improve Adolescent ADHD Treatment Engagement[J]. SAGE Publications, 2020(8): 24.

[8]YIN R K. Case study research: Design and methods[M]. London: SAGE

Publications, 1994.

中文文献

[1] 彼得·圣吉. 第五项修炼：学习型组织的艺术和实务 [M]. 郭进隆译. 上海：生活·读书·新知三联书店，1994.
[2] 蔡继明. 制度约束与人文精神的结合 [J]. 经济与管理，2012 (4)：97.
[3] 曹鹏. 深度聚焦信息技术与教育教学融合创新：江苏省中小学网络名师工作室项目进展综述 [J]. 江苏教育，2021 (34)：7-10.
[4] 曾艳，张佳伟. 名师作为学习领导者的角色实践与困境：基于上海市名师工作室的案例研究 [J]. 教师教育研究，2016 (4)：92-98.
[5] 陈钧，程达. 呼唤名师 [M]. 北京：科学出版社，2000.
[6] 陈铁梅. 让教师在共同体中美美与共：名师工作室建设的思考与实践 [J]. 江苏教育，2018 (94)：41-42+45.
[7] 陈向明. 质的研究方法与社会科学研究 [M]. 北京：教育科学出版社，2000：12.
[8] 陈雪松，冰洁，郑国庆. 探索创新教育课程教学，引领区域教师专业成长 [J]. 教育科学论坛，2020 (11)：57-58.
[9] 崔国明. 试论名师工作室与教研室的定位差异 [J]. 中小学教师培训，2015 (7)：68-70.
[10] 鄂冠中. 区域性名师工作室运行策略摭谈 [J]. 中小学教师培训，2012 (6)：56-58.
[11] 伏荣超. 学习共同体理论及其对教育的启示 [J]. 教育探索，2010 (7)：6-8.
[12] 高鹏. "草根化经营"：名师工作室发展的必由之路 [N]. 江苏教育报，2011-11-24 (A04).
[13] 顾咸霜，肖其勇. 诺尔斯成人学习理论视域下优化名师工作室运行效能的路径探析 [J]. 继续教育研究，2021 (10)：17-21.
[14] 郭凯. 教师领导力：理解与启示 [J]. 课程·教材·教法，2011 (6)：

107-112.
[15] 韩爽. 以教师专业发展为指向的名师工作室运行研究：以吉林省中小学名师工作室为个案 [D]. 东北师范大学，2015：61.
[16] 何灿华. 名师工作室里的教师合作 [J]. 上海教育科研，2013 (12)：22-24.
[17] 胡观景，袁亚忠，张思，廖红姣. 价值共创研究述评：内涵、演进与形成机制 [J]. 天津商业大学学报，2017 (2)：57-64.
[18] 胡继飞. 中小学名师工作室建设的问题与建议 [J]. 基础教育，2012 (2)：48-51.
[19] 华铮. 网络环境下名师工作室研修方式的实践与思考 [J]. 小学教学研究，2021 (15)：20-21.
[20] 黄婷. 基于名师工作室的高中教师专业发展研究 [D]. 湖南科技大学，2021：30.
[21] 蒋福良. 基于网络的教师培训模式探析 [J]. 中小学教师培训，2007 (12)：71-73.
[22] 教育部. 教育部关于实施全国中小学教师信息技术应用能力提升工程 2.0 的意见 [EB/OL]. (2019-03-21) [2022-06-12]. http://www.moe.gov.cn/srcsite/A10/s7034/201904/t20190402_376493.html.
[23] 黎加厚，窦继红，梁凯华，等. 极简教育技术，让技术赋能每一个教师和学生：极简技术的兴起与界定 [J]. 中国信息技术教育，2021 (20)：4-11.
[24] 李曾. "名师工作室"的解与思 [J]. 辽宁教育，2012 (13)：8-9.
[25] 李方安. 论教师自我发展 [J]. 教育研究，2015 (4)：94-99.
[26] 李军斌. "名师工作室"之路怎么走 [J]. 中国音乐教育，2012 (5)：51.
[27] 联合国教科文组织. 反思教育：向"全球共同利益"的理念转变？[M]. 北京：教育科学出版社，2015.
[28] 刘穿石. "名师工作室"的解读与理性反思 [J]. 江苏教育研究，2010 (30)：4-7.

［29］刘俊波，乐进军．中小学人工智能课程建设初探［J］．基础教育课程，2020（1）：16-20.
［30］刘业庆．初中网络名师工作室建设的实践性探究［J］．教师，2018（19）：9-11.
［31］罗萍．乡村振兴视域下小学教研共同体的发展现状研究［J］．沧州师范学院学报，2021（3）：108-112.
［32］马张留．对促进名师工作室高效运作策略的思考［J］．江苏教育研究，2010（30）：8-9.
［33］齐爽．强化省级“双师型”名师工作室引领功能的实践与探索：以广东省为例［J］．职业技术教育，2022，43（17）：57-62.
［34］全力．名师工作室环境中的教师专业成长：一种专业共同体的视角［J］．当代教育科学，2009（13）：31-34.
［35］饶从满．教师合作：教师发展的一个重要途径［J］．教师教育研究，2007（12）：16.
［36］沈杰，苟中华．走出盒子：开放式国际工作坊的教学理念与实践［J］．建筑学报，2008（7）：88-91.
［37］孙兆航，吴秀波．名师工作室建设的“三块基石”［J］．当代教育科学，2014（16）：24-26.
［38］唐荣荣，卜忠飞．区域网络名师工作室建设推进策略初探：以扬州市省级中小学网络名师工作室建设为例［J］．江苏教育，2021（34）：21-23.
［39］田应仟，李辉朋，潘晓波．行动学习：基于“名师工作室”的教师能力提升策略［J］．教育理论与实践，2019（26）：39-41.
［40］王蕾．知否，应是携手度春秋［J］．中国信息技术教育，2019（11）：1.
［41］王卫国．名师工作室建设须“四动”［J］．教学与管理，2018（13）：84.
［42］王兴刚．名师工作室的价值与作用［J］．教育实践与研究（B），2011（6）：4-6.
［43］魏书彬，杨雨，陈加柱．“名师工作室”引领下教师教育培训形式的转变［J］．现代教育科学，2015（12）：99-100.
［44］武文珍，陈启杰．价值共创理论形成路径探析与未来研究展望［J］．外国

经济与管理，2012（6）：66-73+81.
[45] 夏征农，陈至立等主编．辞海［M］．上海：上海辞书出版社，2009.
[46] 肖林元．区域提升名师工作室建设实效性研究：以南京地区名师工作室建设为例［J］．中国教育学刊，2014（10）：76.
[47] 许昌良．专业学习共同体视角下的名师工作室建设：以无锡市“许昌良语文名师工作室”成长为例［J］．中小学教师培训，2015（3）：63-66.
[48] 严运锦．名师工作室中领衔名师的学习模式探析［J］．教育理论与实践，2019（26）：35-38.
[49] 杨德铸．“名师工作室”高效运作的可行性策略研究［J］．江苏教师．2013（12）：15-16.
[50] 杨维风．名师工作室机制下的骨干教师专业发展：以“活动型学科课程教学”为例［J］．中学政治教学参考，2019（25）：74-76.
[51] 杨晓奇．教师教育研究的理论自觉及其提升［J］．高校教育管理，2018（4）：95-102.
[52] 于泽元，邹静华．人工智能视野下的教学重构［J］．现代远程教育研究，2019（4）：37-46.
[53] 袁成，廖洪森．让名师工作室助推教师专业成长［J］．思想政治课教学，2016（3）：89-92.
[54] 袁小涵．以专业发展为引领的中小学名师工作室建设研究［D］．曲阜师范大学，2019.
[55] 佚名. 爱荷华作家工作[EB/OL].（2020-06-04）[2022-06-12]. http://writersworkshop. uiowa. edu/.
[56] 张聪，韩爽．名师工作室与教师专业发展：基于名师工作室成员的调查［J］．教育理论与实践，2014（17）：24-26.
[57] 张华．“名师工作室”：困境与出路［J］．教育管理，2012（3）：16-19.
[58] 张慧．学习共同体视角下名师工作室个案研究［D］．华中师范大学，2021.
[59] 赵相文．中小学教师信息技术应用与提升［J］．教育，2020（9）：27.
[60] 郑汉文，程可拉．论专业学习共同体［J］．教育评论，2008（5）：66-70.

[61] 中华人民共和国中央人民政府．中共中央、国务院印发《中国教育现代化2035》[EB/OL].（2019-02-23）[2022-06-12]. http://www.gov.cn/xinwen/2019-02/23/content_5367987.html.

[62] 中华人民共和国教育部．教育信息化2.0行动计划[EB/OL].（2018-04-18）[2022-06-12]. http://www.moe.gov.cn/srcsite/A16/s3342/201804/t20180425_334188.html.

[63] 朱广清．名师工作室效能优化：以江苏省常州市名师工作室为例 [J]．中国教育学刊，2013（7）：81-84.

[64] 朱宁波，严运锦．名师工作室中名师身份解析：回归、拓展和超越 [J]．教育科学，2019（2）：22-27.

附　　录

附录一　访谈提纲

名师工作室主持人访谈提纲

1. 第一届工作室是基于怎样的原因创立的呢？您都为工作室的成立做了哪些准备呢？第一届工作室成立后您都做了哪些规划来让工作室正常运行呢？

2. 咱们工作室历经了两届的发展，您觉得两届工作室有何不同呢？成立第二届工作室时，第一届发展的情况如何呀？

3. 基于邯郸市的工作室，其实不只是区域性的工作室了，辐射了全国很大的范围，您如何看待这种关系呢？

4. 咱们是信息技术名师工作室，但现在其实数学老师占多数，语文、英语老师也不少，您认为咱们工作室的不同在哪里呢？

5. 工作室的理念目标：工作室一致秉承“因为有情怀，所以一起来”的团队建设理念，这个理念是如何而来的呢？（您常说，一个人走得很快，但一群人走得更远）您是怎样理解的？

6. 我了解到咱们工作室的目标发展其实经历了几个阶段的：您能谈谈每个阶段的目标含义具体是指什么？目标重点、遇到的关键问题是什么？您能回忆起来引起目标发生变化的关键事件有哪些吗？

7. 为什么改 Logo？旧版 logo 是如何设计的？新版 Logo 寓意有何不同？您对

新版 Logo 有何期许？

8. 在工作室招募办法中要求教师要有相关获奖、培训经历，您如何看待这些对招募成员的要求？招募办法规定了招募的四个环节，这些环节是如何确定的？目的都有哪些呢？

9. 项目组成立的原因？如何确定？负责人如何确定？如何想到这些项目组？项目小组对工作室的意义体现在哪些方面？

10. 您觉得工作室成员在工作室的成长可以体现在哪些方面？如何关注聚焦成员个人的成长发展？

11. 如何会想到通过这种形式记录呢？什么时候开始实行的？您认为施行这种方式都有哪些优点？

12. 星级评定是最新开始实施的一种评定方式，如何会想到通过这种形式记录呢？里面的认定标准是如何确定的呢？为什么会确定这些标准？您认为施行这种方式都有哪些优点？

13. 您认为您在工作室的角色和作用体现在哪些地方？作为工作室主持人您要注意些什么？

14. 工作室活动的顺利开展您觉得离不开哪些资源的支持？

15. 您觉得名师工作室在运行方面取得了哪些成就，还存在哪些问题？您对信息技术名师工作室的开展有什么建议？

附录二　丁玉海名师工作室成员招募办法 V2.0

为更好推广普及极简教学技术理念，深入探索技术创新应用方式；为寻找更多对发展有愿景，对教育有情怀，对成长有意愿的人“结伴而行，组团发展”；为愿意探索新模式、新技术在课堂改革应用中的创新者一起同行，丁玉海名师工作室现通过互联网面向全国招募新成员。

丁玉海名师工作室简介：丁玉海名师工作室是一个专注于探索技术与教学融合创新，由教育行政部门批准组建，以工作室主持人引领发展的教师发展共同体。当前工作室有三个研究方向：极简教学技术理念推广及微课制作；创客及人工智能大数据等新技术探索；跨学科、项目化学习等课程设计实践。目前工作室有 39 位正式成员，三分之二为学科教师，成员来自全国各地。

工作室愿景是让每个人都成为有思想的教育创新实践者。

一、活动目标

通过活动寻找更多共同志同道合的人加入团队共同发展。

二、招募对象

不分学段学科，有情怀，能坚持，愿创新的教育工作者。

三、活动时间及要求

活动时间：2021 年 2 月 1 日—3 月 15 日，总计 43 天。

考核标准：完成 6 节极简教学技术微课制作并审核合格。

其他要求：入选人数没有上限，在规定时间内完成规定任务即入选。

四、活动组织与安排

本次招募活动组建由现有工作室成员组成的指导团队，指导老师与参加活动成员形成“一对一”帮扶关系，共性问题直播讲解，个性问题群内互动解决，审核问题指导老师解决。指导团队结对表将在 2 月 1 日直播结束后根据报名信息分组编排，请大家关注群内消息。

为更好支持本次招募活动，工作室组织 6 次直播活动，每次直播活动均在钉钉群进行，请大家务必进入钉钉群观看直播或回放视频。

工作室招募安排表

时间		主讲人	内容	授课时长
2月1日	20：00—20：30	丁玉海	招募活动介绍及招募要求说明	30分钟
	20：30—21：30	陈艳玲	喀秋莎在极简技术微课制作中的应用	60分钟
2月8日	20：00—21：00	陈艳玲	喀秋莎在极简技术精品微课制作中的应用	60分钟
2月22日	20：00—21：00	参加活动老师	参加招募活动老师经验交流 制作活动答疑解惑	60分钟
3月1日	20：00—21：00	杨向勇	手机演示精品极简技术微课制作	60分钟
3月9日	20：00—21：00	刘文霞	读书分享	60分钟
3月15日	20：00—21：30	丁玉海	宣布入选名单，网上庆祝结业，新老成员线上见面会	90分钟

五、评价及激励

为保证各位老师能够最终通过考核成为工作室正式成员，现将活动评价及激励方案确定如下：

级别	需要完成任务	获得奖励
1	一周内准时完成1节微课制作并审核通过	奖励口袋书第1辑
2	两周内准时完成2节微课制作并审核通过	奖励口袋书第2辑
3	三周内准时完成3节微课制作并审核通过	奖励口袋书第3辑
4	四周内准时完成4节微课制作并审核通过	奖励口袋书第4辑
5	五周内准时完成5节微课制作并审核通过	奖励口袋书第5辑
6	六周内准时完成6节微课制作并审核通过	成为工作室正式成员

附录三　丁玉海名师工作室成员招募办法 V3.0

为更好推广普及极简教学技术理念，为更多老师带来技术与教学融合的指导和帮助，提升自身信息素养，邀请更多优秀教师加入到工作室，丁玉海名师工作室现制定优秀教师招募办法。优秀教师招募活动采取推荐制，可由工作室现有成员、其他教育系统专家或教育管理者推荐。其他教育系统专家是指具有一定影响力，能够通过网络至少检索到 3 次及以上参加不同讲座或组织活动的教育系统专家（参加招募人需提供 3 条能够显示该专家影响力的网址链接）或知名教育工作者。教育工作者是指中小学校或其他教育系统书记或校长、县区教育局科长及以上具有管理角色的人员，凡是教育工作者推荐的需要提供能够证明其角色的网络报道或其他证明，同时还需要提供他们签名后的推荐信的电子版。

被推荐人员需要在最长不超过 60 天的时间内（从面试之日起开始算起）参加规定环节流程考核并合格。非特殊情况超过规定时间内不能完成整个考核流程的则需要重新提出申请，重新走所有考核流程，招募考核最多提供 1 次重复提交机会，具体要求如下：

环节一：资料提交

填写优秀教师招募信息表及信息表中所列获奖证书或其他活动参与证明材料，同时提交一段时长不超过 5 分钟的自我介绍短视频。

信息表必须包含教育教学获奖经历、讲座分享经历、教育科研经历，具体内容要求如下：

1. 县级及其以上讲课获奖（提供证书，或讲课视频）；

2. 独立开展讲座分享（提供讲座证书，或网络报道链接，或其他能够证明线上线下分享的实证材料）；

3. 参加课题研究或公开发表文章（提供参与或主持课题证书，或公开发表文章的知网截图，或能够显示自己著述的内容的纸质书籍或期刊）；

4. 其他有助于增加本人教育教学实力的成绩或成果（提供证书或证明）。

自我介绍短视频中需要有本人真人出镜的画面。自我介绍短视频内容包含如下信息，但不局限于以下信息：

1. 自我介绍（姓名、工作单位、任教学段学科等）；

2. 教学经历（如参加过哪些教育教学相关活动及其获奖情况）；

3. 对信息技术与教学融合的看法和思考；

4. 对丁玉海名师工作室认识和了解情况，并说明为什么要加入工作室；

5. 自己成长目标和方向；

6. 其他有助于了解你本人的材料或说明。

上述材料准备完整后发送到工作室成员招募指定邮箱：275982009@qq.com，发送邮件时请在邮件主题中清楚写明参加工作室招募，如“＊＊老师参加工作室招募材料”，并时刻关注邮箱反馈结果。

环节二：线上面试

由工作室核心成员与准备加入工作室老师就目标追求、团队价值观、教育教学技能、教育教学经历等方面问题进行互动交流，交流结束后由参加面试的老师投票决定是否同意进入下一个环节。

面试通过后将会邀请进入丁玉海名师工作室大群，关注、了解、参与工作室开展的各项活动，此时参与活动请使用规范昵称“8888 姓名”，如“8888 丁玉海”。

环节三：实践考核

在 30—45 天内制作 6 节符合工作室要求的极简技术微课并通过审核，极简技术微课制作规范及审核工作由工作室安排专人负责，该负责人员将在这段时间内通过“一对一”方式解答任何有关制作内容问题和技术问题并做好工作室与招募者的信息沟通。

环节四：技能展示

上述三个环节完成后举行一次由现有工作室全体成员参加的讲座分享，主题由参加者自己确定，展示时长控制在 30 分钟，展示内容包括微型主题讲座、教学经验分享、教学技能展示等能够展示参加者素养和技能的内容，交互活动结束后参会全体成员采用无记名投票方式进行投票，同意票数超过总人数的 80%视为通过。

上述四个环节全部通过后即成为工作室正式成员，将会分配工作室身份 ID，该 ID 为工作室成员身份专用，号码唯一，加入到小组，参与工作室各项活动，同时颁发丁玉海名师工作室成员证书及快递工作室成果。

因为有情怀，所以一起来！丁玉海名师工作室永远用一种开放、包容、宽广的胸怀诚邀您的到来。

丁玉海名师工作室

2023 年 4 月 23 日

附录四　丁玉海名师工作室考核方案

一、日常考核计分规则（每周和每月）

考核内容		考核方式	分值	备注
读书	读书打卡	每天	0.5分	
	每周读书会签到	每次	0.1分	
	每周读书会参与发言	每次	0.5分	
极简技术微课制作		规定时间内，不晚于设定截止时间	1分	超过设定的周截止时间不计分
微信群组建与互动		微信群不低于50人并每周分享不少于5次	2分	低于5次每次扣0.5分，直到为0，不满50人每周最多1分
工作室会议参加		全程参加和不低于总时长10分钟内	0.2分	
		参加总时长不低于总时长一半	0.1分	
		参加总时长低于总时长一半	0分	
其他		根据活动需要设置分值		
淘汰规则		连续两周日常考核积分低于4分（包含4分） 每轮微课制作最终截止时间前未完成（年内总次数不能超过2次） 每月不能保证至少参加1次工作室活动 小组会议连续两次（两个月）不能参加 “3个1”任务无法在截止时间之前完成		

二、成长系统计分规则（长期累计）

计分类型	计分规则
成果输出（仅限于工作室对接参与的，个人身份参与的不计）	完成工作室牵头组织直播，每次 0.5 分 完成工作室牵头组织线下讲座，每次 0.5 分 独立完成主题课程制作加 0.5 分 独立完成精品课制作加 0.5 分 独立完成一篇高质量的教育写作 0.5 分 工作室内部直播分享，每次 0.2 分 每周读书会主分享人，每次 0.2 分 工作室公众号成果发布，每次 0.1 分
学习提升（仅限于工作室内部组织）	工作室发起组织的学习并获得有效证明（证书），每次 0.5 分 工作室内部组织的训练营等学习获得证书，每次 0.2 分 报名参与工作室组织的学习活动未能完成，每次扣除 0.5 分
日常考核累加	每月考核总分 1—5 名，每次 0.5 分 每月考核总分 6—15 名，每次 0.3 分 每月考核总分 16—30 名，每次 0.2 分
项目实施与管理	项目牵头人一次性 0.5 分 承担工作室组长、副组长一次性 0.5 分 工作室项目策划设计每次 0.5 分 活动参与者每个项目得 0.2 分 参与工作室项目但不能按要求完成，除减去所加分数外，还需扣除 0.5 分

附录五 工作室星级成员评定标准

<table>
<tr><td colspan="2">一星（满足必备条件和可选条件任意一项即可认定一星）（可直接申请）</td><td>星级关键技能</td><td>星级福利</td></tr>
<tr><td rowspan="2">必备条件</td><td>• 组建微信群，且微信群人数 50 人以上</td><td rowspan="5">成长向心力</td><td rowspan="5">获得工作室铭牌</td></tr>
<tr><td>• 每月参加两次以上工作室内读书学习活动，如读书会、工作室内直播分享活动等</td></tr>
<tr><td rowspan="3">可选条件</td><td>• 1 个以上主题课程制作＋1 次直播分享（工作室内或其他外部分享）</td></tr>
<tr><td>• 1 次线上或线下讲座（工作室组织的，县级以上讲座）</td></tr>
<tr><td>• 1 节优秀教学课例（须县级以上获奖）</td></tr>
<tr><td colspan="2">三星（满足必备条件和可选条件任意二项即可认定或升级到三星）（可直接申请）</td><td>星级关键技能</td><td>星级福利</td></tr>
<tr><td rowspan="3">必备条件</td><td>• 在工作室参与至少 1 个项目组且成长系统总积分 105 分以上（包含 105 分）</td><td rowspan="6">团队感召力</td><td rowspan="6">获得工作室铭牌，一次性获得 100 元购书奖励或同价值付费会员报销</td></tr>
<tr><td>• 日常微课或抖音视频，累计制作数目达到 20 节以上（包含 20 节）</td></tr>
<tr><td>• 在工作室之外有举办讲座或分享经历（包含七点半学苑、希沃学苑等）</td></tr>
<tr><td rowspan="3">可选条件</td><td>• 希沃学苑传课获得好课及以上等次</td></tr>
<tr><td>• 独立或合作完成 2 个主题课程制作</td></tr>
<tr><td>• 自加入工作室之日起有县（市、区）级及其以上微课或课堂教学获奖</td></tr>
</table>

续表 1

<table>
<tr><td colspan="2">四星（满足必备条件和可选条件任意三项，三星评定满半年，可升级为四星）</td><td>星级关键技能</td><td>星级福利</td></tr>
<tr><td rowspan="4">必备条件</td><td>• 在工作室负责一个项目组成长系统总积分 108 分以上（包含 108 分）</td><td rowspan="10">课堂实践力</td><td rowspan="10">年度获得 200 元购书或同价值付费会员报销</td></tr>
<tr><td>• 参与与工作室训练营课程制作，且微课入选数量不少于 2 节</td></tr>
<tr><td>• 担任训练营班长 2 次或班委 4 次以上（包含 4 次）（希沃训练营及工作室训练营均可）</td></tr>
<tr><td>• 在希沃、101PPT 等平台中独立或合作推出过 1 套以上课程</td></tr>
<tr><td rowspan="6">可选条件</td><td>• 月度排名获得前 5 名 1 次及以上</td></tr>
<tr><td>• 县（区）级以上微课或课堂教学获奖</td></tr>
<tr><td>• 县（区）级培训讲座 2 次以上（线上或线下）</td></tr>
<tr><td>• 工作室内分享 4 次以上（包含读书会作为主分享人）</td></tr>
<tr><td>• 在编程项目组中进行过 2 次以上直播</td></tr>
<tr><td>• 承担过 1 项县级课题主持人或参与 1 项市级课题研究</td></tr>
<tr><td colspan="2">五星（满足必备条件和可选条件任意三项，四星评定满一年，可升级为五星）</td><td>星级关键技能</td><td>星级福利</td></tr>
<tr><td rowspan="4">必备条件</td><td>• 在工作室负责一个项目组，获得四星认证后成长积分增长 5 分以上</td><td rowspan="4">课程设计力</td><td rowspan="4">年度获得 300 元购书或同价值付费会员报销；优先参加工作室各项活动</td></tr>
<tr><td>• 参与与工作室训练营课程课程制作，且微课入选数量不少于 5 节</td></tr>
<tr><td>• 担任训练营班长 3 次或班委任务 6 场以上（包含 6 场）（希沃训练营及工作室训练营均可）</td></tr>
<tr><td>• 在希沃、101PPT 等平台以工作室名义独立推出 2 套以上课程</td></tr>
</table>

续表 2

五星（满足必备条件和可选条件任意三项，四星评定满一年，可升级为五星）		星级关键技能	星级福利
可选条件	· 月度排名获得前 5 名 3 次及以上	课程设计力	年度获得 300 元购书或同价值付费会员报销；优先参加工作室各项活动
	· 获得希沃杏坛三星认证或鸿合中级导师认证		
	· 在市级以上获得由官方组织的教育教学类活动获奖（不包含微课）		
	· 累计在各种期刊发表论文 2 篇以上		
	· 承担过 1 项市级课题主持人或参与 1 项省级课题研究		
六星（满足所有必备条件，五星评定满一年，可升级为六星）		星级关键技能	星级福利
必备条件	· 五星认证后在期刊发表论文 2 篇以上或专著（合著）1 本以上	教学研究力 项目创新力	除享受五星级待遇外，成为工作室永久成员，无须参加考核，提供专业发展各项支持
	· 承担市级以上工作室主持人或市级以上特级教师或省级骨干教师		
	· 五星认证后有 1 个市级以上微课或者课程实录获奖		
	· 五星认证后主持 1 项市级以上课题或参与省级以上课题		
	· 在希沃、101PPT 等平台以工作室名义独立推出 2 套以上课程		

附录六　微课制作规范

项目	内容	微课自查
微课选题	实用性：选题时必须考虑要制作的微课是否对教育教学有用，有用则制作，无用则不制作	
	公益性：介绍软件工具以免费或提供免费试用为主，并在视频中注明或视频中告知，收费软件不予介绍	
	独立性：不要用“之一、之二”等表示序列的标题，也不要使用“××系列”，方便微课重组使用	
	通俗性：不要将技术术语作为标题，字数不超过15个，建微课名为“问题”或“作用/效果＋工具名”	
内容表达	表达形式：微课内容应由“问题情境＋操作示范＋归纳总结”三部分组成，问题情境指向教育问题	
	运行环境：微课中介绍PC软件的，一定要在微课明显位置标出软件版本及操作系统版本	
	分享方式：不要在视频中通过二维码分享软件下载地址，软件工具请一并发送给发布者统一发布	
	文字表达：PPT呈现文字不要出现错别字，标点符号使用规范	
	名称规范：软件名称要规范，如果不清楚建议使用百度检索后使用，注意大小写	
技术规范	时长规范：一般不超过5分钟，一课一问题	
	剪辑规范：操作演示过程使用局部放大操作（规范放大缩小操作时长为2.25—2.30秒），适当添加标注	
	视频规范：无日期，桌面简洁，推荐真人讲解，无杂音	
	画面规范：使用系统自带纯蓝背景，桌面图标仅保留必须文件夹，录制时关闭微信、QQ、杀毒软件工具	

续表

项目	内容	微课自查
其他要求	注解要求：视频中使用到网址标明网址，停留 3 秒钟，同时网址放入文档文件一并随微课发送给审核者	
	发送要求：发送微课提交材料必须包含微课视频、微课课件、微课封面图片、逐字稿（校对后）、微课规范自查清单，演示素材、软件工具、网址等微课中使用到的相关资料需全部提供，文件夹命名规范：C/D-题目-某组-ID 后四位-姓名（C-常规微课，D-抖音微课），文件夹里面的文件均按照内容正常命名，不需要添加视频类、ID 和姓名等信息	
	外链要求：抖音微课里面不要添加任何二维码，网址不要专门显示，正常操作演示即可；常规微课可以放使用到的二维码，但工具下载二维码等不要显示，网址可以在微课显示，须停留 3 秒钟	

附录七　工作室常规会议、专题会议活动组织实施流程

1. 常规会议包括每月固定小组会议，项目组会议；专题会议活动包括除常规会议之外的其他专题会议或活动，包括核心群管理会，新人招募面试分享会，“三年百本书”读书活动，工作室组织的其他专题活动等。

2. 常规会议每月月初预约会议时间，填写在线预约会议表，预约时间为每周二、周四，其他时间一般不安排，会议预约后将会议码分别发送给常规会议负责人（小组会议负责人：刘桂玲；项目组会议负责人：吴琳），由常规会议负责人员整理后一并私发给主持人，常规会议需要特别邀请主持人参会的请在会议召开当天由会议发起者单独私信主持人参会；其他专题会议活动可根据实际需要安排时间，专题会议活动时间一般安排为每周六，非特殊情况其他时间一般不安排。

3. 所有常规会议都需要有会议方案，会议方案具体见模板（小组会议模板、项目组会议模板），并在会议开始时间前至少半天时间将会议方案发给所有参会人员并同步私信给主持人，会议结束后将补充完善后的会议方案与其他会议资料一并上传到百度网盘（会议方案主要补充参会人员情况和会议目标达成情况）。

4. 专题会议活动根据预估的最大参会人数确定是否需要会议推流（100 人以内的活动不需要推流，超过 100 人需要直播组协助推流），会议推流请与付卫民老师对接联系，由直播组负责实施，并在专题会议活动海报中放入两个会议码（腾讯会议二维码和视频号二维码），在海报中显示明显提示信息。

5. 常规会议结束后请将会议回放视频、完善后的会议方案（主要补充参会人员情况和会议目标达成情况）、课件等所有会议材料按照内容命名，存放到一个文件夹，最外层文件夹命名规范为：年月日—小组或项目组名称，上传到百度网盘（不要打包压缩），将分享地址填写到会议在线文档中，并填写会议详细参会情况（小组总人数，参会人数，未参会人员数量及具体姓名）；专题会议活动结束后请将活动回放视频、课件等专题活动材料按照内容命名，存放到一个文件夹，最外层文件夹命名规范为：年月日—活动主题名称，上传到百度网盘（不要打包压缩），将分享地址或分享二维码私信给主持人。

6. 小组会议负责人（刘桂玲）和项目组会议负责人（吴琳）需在下个月月初

分类整理上月会议情况，凡是资料不全或不按照规定填写、提交、整理会议资料的视为未组织会议，每月月初公布各小组和项目组会议组织情况，并与随后的小组考核和项目组考核对接。

7. 各项常规会议、专题会议活动负责人：小组会议负责人，刘桂玲；项目组会议负责人，吴琳。

附录八　“2021，我的成长故事”展示活动方案

充满变数的2021年已经接近尾声，回顾在工作室的成长经历，每个人都有自己的心声，工作室成员从少到多，有人来了，也有人走了，这就是生活，适者生存，优秀的更优秀。为了更好回顾过去，思考未来，工作室特组织本次展示活动，活动由希沃与工作室联合举办。

1. 展示时间

本次活动分为两个阶段：

第一阶段：12月27日前，各小组自行组织，参加人员为各小组成员及特邀人员。

第二阶段：12月31日晚上20：00—21：00，工作室全体成员及特邀专家领导。

2. 活动方式

“2021，我的成长故事”，每个人作5分钟展示介绍，呈现方式两种，一种是制作成微视频，另一种是制作课件直接用腾讯会议做线上展示，时间5分钟。

3. 展示内容

展示内容主要内容包括2021年自己的成长经历、取得成绩、工作室参与的主要活动、成长感悟等等，要求以讲故事的方式呈现，评价主要通过故事性、创新性、丰富性、表达性四个方面进行评价，满分100分，具体要求见评分标准。

4. 活动过程

“2021，我的成长故事”共分为两个阶段，第一阶段小组内展示，展示形式由各小组自行决定，展示规则和评价标准请参照评分标准，各小组需要在12月27日之前完成展示，并评选出两名优秀选手参加工作室全体展示，工作室展示时间为2021年12月31日晚上20：00—21：00。

5. 奖励表彰

小组内展示优秀者将由小组颁发奖品，设置等次及数量由各小组自行确定；工作室全体展示设置一等奖 1 名，二等奖 2 名，三等奖 5 名，奖品将由希沃公司提供。

6. 其他说明

本次活动系希沃与丁玉海工作室联合举办，得到希沃公司技术与奖品支持，工作室最终获奖选手将由希沃公司提供神秘大奖。

“2021，我的成长故事”展示活动评分标准

评价指标	优秀	良好	一般	得分
故事性 30 分	故事组织形式新颖，作品构思新颖，引人注目；画面的展现形式独特，作品能“讲”出自己的特色，体现对生活的察与思考；故事具有典型性，有一个照亮故事的主题，能激发人灵魂深处的感情，引起观众的强烈共鸣；哲理蕴含在故事叙事中（30—20 分）	故事组织形式一般，画面的展现形式无特点，作品无特色，略显平淡；能概括故事内涵，不具有典型性；以“叙述”为主，引起观众的共鸣（19—10 分）	故事不真实、不典型，陈述不清楚，语言组织欠生动，无感染力，不能打动人（9—5 分）	
创新性 30 分	故事组织形式新颖且有冲突，有良好的互动画面，展现形式独特，有创新性，有明显的亮点（30—20 分）	故事较新颖，表述平淡，表现形式比较单一，语言叙述不完整，有明显的语误，讲述内容无特点，创新性不突出，没有代表性（19—10 分）	故事内容无创新，内容太平淡，逻辑混乱，呈现方式不合理（9—5 分）	
丰富性 20 分	使用素材与故事主题吻合，图片可视化效果好，视频选用合理，字体使用得当，能突出主题（20—15 分）	选用图片视频不多，无可视化效果，文字页面较多，字体单调，能反映出主题（14—8 分）	图片选用不合理，与内容不符，图片模糊或者变形，字体选用不合理，文字与背景配色不合理，看不清文字（7—5 分）	
表达性 20 分	画面转场自然顺畅，画面展示效果好；背景音乐能与故事的起承转合相契合；播放时间控制在 5 分钟左右（20—15 分）	画面转场较自然顺畅，画面效果一般；背景音乐与主题内容基本相符，播放时间略长或略短（14—8 分）	画面转场不顺畅，画面效果一般背景音乐选择不合理。播放时间过长或过短（7—5 分）	

附录九 工作室协调人任务清单

每周		
要求	任务	完成
会议前	每周六晚上21：00之前创建核心管理群腾讯会议，将会议室号码发到核心管理群并通过群公告通知所有人参会，会议结束后将回放视频及参会数据下载后一并发给主持人（275982009@qq.com）	
	开会前征集核心群例会每个人要讨论的话题或问题，并制定发言顺序公布到群内	
会议中	核心管理人员例会记录周任务、实施者、时间节点、成果等关键内容，形成每周任务清单表反馈给主持人，确认后发到管理群并督促跟进，并在时间节点完成结果反馈给主持人	
	核心管理会问郝杰每人完成课程进展情况（到时间节点的人和未来一周需要完成的人），并将结果汇总后与未提交微课名单一起发布	
会议后	每周一通过印象笔记整理未提交微课名单，与主持人确认后发布到核心管理群 根据导出的参会数据，协助主持人为参会人员加分，不低于参会视频总时长10分钟以内的加0.2分，不低于参会视频总时长一半的加0.1分，低于一半的则不加分	
其他统计周一前	公众号发布输出成果，每次成长系统加0.1分（付鑫鑫处要数据） 除规定任务之外直播等活动，成长系统加0.5分（组长及郝杰处） 每周五编程直播成长系统加0.5分（杨向勇处要数据） 其他需要加分项目（组长申报及主持人临时性要求）	
其他任务	其他督促跟进任务	

续表

每月（30 号）		
时间	任务	完成
会前 2 天	每月月底展示会前两天，在核心管理群督促各组长提交当月成果材料，最迟在会议当天将整理后成果发给主持人	
会议当天	发起腾讯会议并将会议号转发到核心管理群，要求各组长转发通知，工作室所有人员参与月度成果展示	
会议结束	会议结束后将回放视频下载后发给主持人（275982009@qq.com），同时导出参会记录	
	按照参会时长汇总分数作为当周考核加分内容，参会总时长不低于会议总时长 10 分钟的视为全程参与，加 0.2 分；参会总时长不低于会议总时长一半，加 0.1 分；参会总时长低于会议总时长一半视为没有参会不加分。统计结果使用腾讯文档协同给核心管理群组长，组长补充每个成员所在小组，最终结果发给陈艳玲作为周考核分数	
会后第 2 天	汇总整理各小组上月成果，征集下一月份小组成果内容，并将整理结果发给主持人（275982009@qq.com）	
分级考核	按照分级考核要求，统计出四级和三级考核人员并实施购书奖励	
月考核	每月汇总考核前 10 名成长系统加分 1—3 名成长系统加 0.5 分 4—6 名成长系统加 0.2 分 7—10 名成长系统加 0.1 分	

附录十　第二届信息技术丁玉海名师工作室研修计划

一、研修目标

依据义务教育信息科技课程标准及教材和高中阶段信息技术课程标准及教材，整合课标、教材、当下热点焦点话题，按照一定主线开发适合学生自主学习、激发学习兴趣、提升信息素养的项目学习设计实施课程包，总结梳理项目学习课程设计实施基本模式与方法，形成一套可复制、可借鉴、可推广的项目学习设计实施模式，助力学生信息技术结业水平测试，增强学生运用信息技术实践能力。

二、研修成果

1. 每人三年内完成不少于 2 篇相关方向文章发表或不少于 2 项县级以上讲课比赛并获奖和指导不少于 2 名以上学生参加市级以上有关赛事活动并获奖。

2. 探索提升初中学生信息技术结业水平的教学方法和技能训练方法，并形成整套资料包，支持学生信息技术结业水平测试。

3. 每人三年内独立或合作（最多 2 人合作）完成不少于 3 个高质量、包含完整实施过程材料的项目学习设计实施课程包；通过网络协作邀请更多信息技术老师协同完成覆盖所有年级的项目学习设计方案，项目学习设计方案总数量不少于 70 个，每人或合作总数量（最多 2 人合作）不少于 10 个。

4. 制作一套包含义务教育信息科技课程和高中信息技术课程的项目学习设计实施课程集，课程包至少有 24 个高质量、包含完整实施过程材料的项目学习课程包，加工成册，推广应用。

5. 总结项目学习设计实施课程包制作基本模式与方法，方便更多信息技术教师参与制作与教学实施，模式应可复制、可借鉴、可推广。

三、研修实施

1. 每人每学年制订一份研修计划，个人研修计划经审核合格后方可实施，每月开展交叉评价。

2. 每月完成 1 次研修进度汇报，每季度完成 1 次研修成果交流，每学期完成 1 次研修成果评定。

3. 每年研修要按照年度研修既定关键词开展，按照预定成果目标开展成果评价，凡是当年研修成果不能完成或研修成果质量被评定为不合格等次的当年认定考核不合格，连续两年不合格将被淘汰。（第一年研修关键词：学习探索；第二年研修关键词：全面实践；第三年研修关键词：成果萃取）

4. 完整的项目学习设计实施课程包应包含以下但不局限于以下内容：

（1）项目学习设计方案；

（2）项目过程实施实录（实录至少包含三部分完整视频：项目发布实录、项目实施过程典型讲授或学生自主学习课堂实录、项目成果展示实录）；

（3）项目学习过程资料包（包含项目实施过程中所有电子材料和纸质材料电子版，同时保留原始纸质材料）；

（4）项目教学学生学习手册；

（5）其他能够辅助说明实施过程材料。

5. 每年研修必须包含以下内容：

（1）自主学习：书籍阅读、课标研读、研究教材、提升学习、案例分析等；

（2）归纳提炼：课标梳理与归纳、教材梳理与归纳、提炼项目学习课程包等；

（3）课堂实践：项目学习设计、项目课堂实施等；

（4）成果表达：发表总结文章、撰写读书报告、撰写案例分析报告、参加官方组织讲课比赛、指导学生参加相关赛事活动、制订项目学习设计方案、制作项目学习课例包等；

（5）辐射扩散：开展相关观摩研讨课、举办有关主题讲座等。

四、研修评价

1. 除按照工作室要求开展常规评价之外，还需开展专题交叉评价，两项评价均合格才算合格；

2. 每月开展基于成果的交叉评价，交叉评价需要保持合格以上等次；

3. 所有研修过程资料将定期结集成册，入选材料成为过程评价的重要内容。

附件 1：研修目标分解安排

研修阶段	研修目标				
	阅读学习	归纳提炼	课堂实践	成果表达	辐射扩散
第一年	· 完成不少于 6 本相关书籍阅读 · 完成不少于 2 门相关主题内容学习，学时不低于 120 学时，取得学习证明材料	· 按照课标、中国学生核心素养、教材，整合当下热点、焦点话题，每人或合作（最多 2 人）完成 2 个项目学习设计方案 · 完成 1 个实施后的项目学习课程包	· 完成不少于 2 次项目学习课堂实践，并制作项目实施相关材料 · 至少完成 1 个包含完整设计和实施材料的项目课程包 · 初步探索初中毕业生信息技术结业水平测试教学方法、技能训练和资料包	· 撰写不少于 6 篇阅读报告，每篇阅读报告不少于 1500 字 · 主持 1 次相关教学案例深度分析会，撰写分析报告 · 在公开刊物发表 1 篇相关领域文章 · 完成 1 节县级以上公开课观摩或可比性比赛并获奖	· 开展 1 次与主题相关的观摩研讨课
第二年	· 完成不少于 6 本相关书籍阅读 · 完成不少于 2 门相关课程学习，学时不低于 120 学时，取得学习证明材料	· 按照课标、中国学生核心素养、教材，整合当下热点、焦点话题，每人或合作（最多 2 人）完成 5 个项目学习设计方案 · 完成 2 个实施后的项目学习课程包	· 完成不少于 2 次项目学习课堂实践，并制作项目实施相关材料 · 至少完成 2 个包含项目发布、项目实施、项目展示录像的项目课程包 · 形成初中毕业生信息技术结业水平测试教学方法、技能训练和资料包并辐射应用	· 撰写不少于 6 篇阅读报告，每篇阅读报告不少于 1500 字 · 主持 1 次相关教学案例深度分析会，撰写分析报告 · 在公开刊物发表 1 篇相关领域文章 · 完成 1 节县级以上公开课观摩或可比性比赛并获奖 · 指导 1 名以上学生参加信息技术相关赛事活动并获得市级以上奖项	· 开展 1 次与主题相关的观摩研讨课 · 开展 1 次与主题相关分享讲座

续表

研修阶段	研修目标				
	阅读学习	归纳提炼	课堂实践	成果表达	辐射扩散
第三年	· 完成不少于 6 本相关书籍阅读 · 完成不少于 2 门相关课程学习，学时不低于 120 学时，取得学习证明材料	· 按照课标、中国学生核心素养、教材，整合当下热点、焦点话题，每人或合作（最多 2 人）完成 5 个项目学习主题确定 · 完成 2 个实施后的项目学习课程包	· 完成不少于 2 次项目学习课堂实践，并制作项目实施相关材料 · 至少完成 2 个包含项目发布、项目实施、项目展示录像的项目课程包 · 推广初中毕业生信息技术结业水平测试教学方法、技能训练和资料包	· 撰写不少于 6 篇阅读报告，每篇阅读报告不少于 1500 字 · 主持 1 次相关教学案例深度分析会，撰写分析报告 · 在公开刊物发表 1 篇相关领域文章 · 完成 1 节县级以上公开课观摩或可比性比赛并获奖 · 指导 1 名以上学生参加信息技术相关赛事活动并获得市级以上奖项	· 开展 1 次与主题相关的观摩研讨课 · 开展 1 次与主题相关分享讲座

附件 2：研修目标年分解安排

主要实施过程 (具体到月份)

时间	主要任务	成果名称	成果形式
1 月份	· 主持人制订三年研修计划，个人制订研修计划 · 完成工作室成员分工，制定工作室制度 · 研读中小学信息技术课标	三年规划 个人研修计划	研修方案
2 月份	· 研读有关项目化教学设计的案例书记 · 撰写并研磨信息技术 2.0 教学设计案例 · 初步规划助力初中信息技术结业水平测试相关事宜安排	《×××教学设计》 信息技术学考微课项目策划方案	教学设计 策划方案
3 月份	· 研读《PBL 项目学习初学者》，撰写读书报告 · 初中信息技术结业水平测试微课录制 · 信息技术 2.0 课例录制 · 各学段研读中小学信息技术课标，分析教材，各学段确定项目化案例教学主题	《×××读书心得》 信息技术学考微课资源 《×××教学设计》课堂实录 《×××教学设计》能力点解读视频 《×××教学设计》微课视频 《×××》项目化案例教学主题	书评报告（不少于 1500 字） 信息技术学考微课资源包 信息技术 2.0 课例资源包
4 月份	· 各学段根据确定的项目化主题，进行项目化教学方案设计 · 各学段负责人进行项目化教学设计案例展评 · 各学段优化项目化教学案例设计	《×××》项目化案例教学设计 线上交流 《×××》项目化案例教学设计	《×××》项目化案例教学设计

续表 1

时间	主要任务	成果名称	成果形式
5 月份	· 研读《PBL 项目制学习》，撰写读书报告 · 各学段开展项目化案例教学	《×××读书心得》 《×××》项目化教学案例	书评报告（不少于 1500 字） 《×××》项目化教学案例课堂实录
6 月份	· 各学段开展项目化案例教学 · 分学段研讨开展项目化教学过程中遇到的问题	《×××》项目化教学案例 项目化教学案例实施策略分析	《×××》项目化教学案例课堂实录 项目化教学案例实施策略分析报告
7 月份	· 研读《项目学习教师指南》，撰写读书报告 · 针对实施的项目化教学案例进行深度剖析	《×××读书心得》 项目化教学案例深度剖析会议	书评报告（不少于 1500 字） 项目化教学案例深度剖析报告
8 月份	· 研读《项目化学习设计》，撰写读书报告 · 各学段研读课标和教材，制定新的项目化教学主题 · 各学段根据确定的项目化主题，进行项目化教学方案设计	《×××读书心得》 《×××》项目化案例教学主题 《×××》项目化案例教学设计	书评报告（不少于 1500 字） 《×××》项目化案例教学设计
9 月份	· 研读《项目化学习的实施》，撰写读书报告 · 各学段负责人进行项目化教学设计案例展评，优化项目化教学案例 · 各学段开展项目化案例教学	《×××读书心得》 《×××》项目化案例教学设计 《×××》项目化教学案例	《×××》项目化案例教学设计 《×××》项目化教学案例课堂实录

续表 2

时间	主要任务	成果名称	成果形式
10 月份	· 各学段开展项目化案例教学 · 研讨开展项目化教学过程中遇到的问题 · 个人针对项目化教学案例实施撰写论文	《×××》项目化教学案例 项目化教学案例实施深度剖析会议 《×××》项目化教学案例论文	《×××》项目化教学案例课堂实录 项目化教学案例实施深度剖析报告 《×××》项目化教学案例论文
11 月份	· 研读《追求理解的教学设计（第二版）》，撰写读书报告 · 各学段完善整理项目课程包资料	《×××读书心得》 《×××项目案例教学课程包》	书评报告（不少于 1500 字） 《×××项目案例教学课程包》
12 月份	· 项目案例资料整理，形成完整成果，各学段进行分享 · 信息技术项目化教学案例具体实践手册	《×××项目案例教学课程包》 信息技术项目化教学案例具体实践手册	项目化主题分享会 信息技术项目化教学案例具体实践手册